AKAL / Artefactos

Director
Miguel Ángel Cajigal, *El Barroquista*

Diseño y motivo de cubierta: Juan Hervás / artbyte.es

Diseño interior: RAG

© Patricia González Gutiérrez, 2024

© Ediciones Akal, S. A., 2024
Sector Foresta, 1
28760 Tres Cantos
Madrid - España
Tel.: 918 061 996
Fax: 918 044 028
www.akal.com

ISBN: 978-84-460-5608-9
Depósito legal: M-22.930-2024

Impreso en España

PATRICIA GONZÁLEZ GUTIÉRREZ

¿EXISTIERON LAS ROMANAS?

ARGENTINA / ESPAÑA / MÉXICO

Agradecimientos

Cuando hablamos de historia, en realidad, hablamos de una relación personal e íntima con nuestro pasado, con nuestra identidad, con nuestra comunidad y con el resto de la humanidad. Pasamos por la historia y la historia pasa por nosotros. Pero, desde luego, nunca es algo solitario. No podemos ser ni hacer historia solos, aislados, como pompas de jabón a punto de desaparecer al mínimo contacto. Con los libros pasa lo mismo. Por mucho que escribir requiera momentos de aislamiento, garabateamos sobre cuadernos ya escritos, sobre hombros amigos, sobre apoyos, amistades y, también, enemistades. Todo cuenta.

No hubiera terminado este libro sin el cariño de una familia y unos amigos siempre dispuestos a escuchar una perorata sobre caminos sin salida y páginas borradas y rehechas una y otra vez. No lo hubiera hecho sin aquellos que insistieron (más de lo que me gustaría reconocer) en el amor a la historiografía y sus caminos ni sin quienes compartieron cervezas académicas y frikis en torno a charlas distendidas. No hubiera existido sin un equipo editorial dispuesto a apostar por estos temas, contra viento y marea.

Solo voy a citar dos nombres, porque el resto sabéis quienes sois, pero es de justicia recordar a Domingo Plácido, cuya grandeza académica solo se ve superada por su grandeza personal, por sus palabras amables y su risa suave. Un mar de sabiduría en todos los sentidos, que marcó varias generaciones. Y a Fernando Notario, gran compañero y amigo, que sabe más que de sobra por qué aparece en este libro. Tenías razón.

Y, por último, pero no menos importante, a todas las historiadoras que han abierto caminos, que los han cuidado y que han creado redes de conocimientos y compañerismo. A las que fueron y a las que serán. Y a las que empiezan a ser, porque tenéis todo el mundo por delante. Sois un orgullo y una esperanza.

Introducción

En 2015, el mundo se horrorizaba al ver cómo el Estado Islámico destruía piezas milenarias en el museo de Mosul, ejecutaba al arqueólogo Jaled al-Asaad, destruía una parte de Palmira y Nimrod o incendiaba bibliotecas públicas y universitarias. La palabra *incultura* asomó en boca de todo el mundo, pero la realidad es más compleja. No solo se destruía un pasado «pagano», como se dijo, o unas figuraciones contrarias a una religión, sino también un pasado vinculado a las excavaciones y Occidente, un pasado que servía de vínculo con otras regiones y comunidades. Se destruía la memoria de un pasado enfocado a lo internacional. La historia no es solo admirar un monumento, y lo sabían.

En 1992, la arrasada biblioteca de Sarajevo se convirtió en el símbolo de la barbarie de la guerra. Fue incendiada a propósito por las milicias que asediaban la ciudad, a las órdenes de, precisamente, un profesor de Literatura de dicha universidad. No era una destrucción inocente. Tardó dos décadas en volver a abrir. De ahí que el derecho internacional considere como un crimen de guerra la destrucción del patrimonio, incluidos los archivos y bibliotecas. Arrasar intencionadamente la memoria de una zona es destruir también su identidad, su resistencia y su unión social.

¿Pero qué tiene que ver todo esto con las mujeres del mundo antiguo en general y con las romanas en particular? Mucho, en realidad. La historia no es solo una serie de datos apilados uno encima del otro, ni una serie de cuentos y anécdotas divertidas con las que echar un rato en la barra del bar, ni algo de lo que enorgullecerse o avergonzarse. Bueno, al menos no es solo eso, sino que es un relato que nos explica, una forma de mirar el presente mediante la comprensión del pasado, un elemento que configura una parte importante de nuestra identidad. Eso convierte a la historia también en un derecho. Uno que, a veces, distintos grupos sociales han tenido que pelear con uñas y dientes. Uno que ha interesado eliminar, opacar o disminuir. Sí, tener memoria e historia no es algo automático con el correr del tiempo, ni algo, tengámoslo en cuenta, que podamos dar por supuesto y ganado.

Y esto nos sitúa ante la historia de género en general, de las mujeres en particular y de nuestras mujeres del mundo clásico más en particular aún. Los relatos en torno a cómo debía de ser la sociedad, qué era importante en la historia y cómo se trabajaba con ella las habían arrinconado en una caja polvorienta de olvido e instrumentalización. Han hecho falta mucho trabajo, muchas preguntas nuevas y mucha reflexión para empezar a sacarlas de ahí.

Por eso, no solo es importante saber quiénes eran las romanas, las atenienses o las espartanas, sino también desmenuzar otro relato, el de cómo han vuelto a nuestras memorias, estanterías y recuerdos. Y recordar también a quienes lucharon por recuperar ese recuerdo. No solo por justicia, sino porque nos ayuda mucho a entender mejor su historia y la nuestra.

Ana Iriarte recordaba lo paradójico que es que la historia se haya construido por y para los hombres, que se miraban continuamente en su espejo, épico y brillante, mientras, a la vez, se definía a las mujeres como esencial y naturalmente narcisistas. Durante siglos no solo tuvieron el espejo para ellos solos y se lo negaron a las mujeres, sino que se construyeron como ideal universal y norma, se construyeron en éticas y épicas, en glorias y caídas. Más aún, la recuperación de la historia de las mujeres por parte de la historiografía y los feminismos ha dado lugar a numerosas quejas en ciertos sectores, para los que compartir ese espejo les resultaba lo más parecido a una pérdida de derechos.

La historia como batalla

La historia de las mujeres y de género, en general, es un ámbito paradójico. Por un lado, desde la Academia se ha ido consolidando como un ámbito de estudio válido, rico y en continuo movimiento; han florecido congresos, seminarios y doctorados. Sin embargo, también es un campo de batalla. Uno en el que las acusaciones vienen de frente por parte de ciertos grupos sociales y, a veces, entre dientes o risillas por parte de ciertos académicos. Por ello, no solo es importante ampliar nuestras reflexiones críticas y nuestro conocimiento en este campo, sino también prestar atención a cómo se ha ido creando y asentando. Prestar atención a los debates, a conceptos nuevos, a las reacciones y a los prejuicios.

Cuando hablamos de la historia de las mujeres en el mundo clásico, tanto desde el punto de vista de las fuentes primarias como de los estudios sobre ellas resulta difícil establecer una separación clara y concreta entre ideologías hegemónicas, factores culturales concretos, posturas personales, movimientos filosóficos o políticos, ideas científicas, manipulaciones intencionadas y una calculada ambigüedad a la hora de tratar ciertos temas. Tenemos que ser conscientes de ello antes de enfrentarnos a cualquier asunto o sociedad, con sus contradicciones y normas. Por eso es tan importante no solo desmenuzar las pruebas que tenemos sobre cómo vivían estas mujeres o qué hicieron en sus comunidades, sino también cómo las hemos tratado, olvidado o investigado.

Así pues, este libro no va a ser una historia sobre las mujeres griegas o romanas al uso, no vamos a estudiar quién fue Aspasia o cómo vivía una alfarera del siglo II d.C., sino un recorrido por cómo las olvidamos y volvimos a recordarlas. No vamos a ver cómo ejercían el poder o cómo sus sociedades intentaban frenarlas, sino también cómo hemos querido recuperar a esas mujeres poderosas. Esto significa que vamos a saltar entre ellas y nosotras continuamente, entre autores muy serios y muy académicos del siglo XIX e historiadoras muy transgresoras del XX o el XXI. Este es un libro que va a hablar de procesos y redescubrimientos. De prejuicios y deconstrucciones.

Aquí viene otra advertencia. Este no será un libro cronológico, pero tampoco temático. No podemos simplemente hacer un recorrido temporal, pero tampoco sería lógico ni justo obviar esa cronología que se ha visto marcada por la propia historia contemporánea, sus movimientos sociales y sus debates políticos. Esto no solo es válido para entender cómo se estructurará esta obra, sino para asumir que cada vez que nos enfrentemos a un libro de historia deberíamos entender en qué contexto fue creado. Un fallo muy básico cuando se pretende saber más de un tema es, simplemente, leer todo lo que caiga bajo el epígrafe que nos interesa. Una premisa clave en estos casos sería grabarnos a fuego que las cosas no son asépticas y reales solo por estar escritas en un libro o en un artículo. Esto implica también mirar nuestras propias luces y sombras. Por mucho que queramos vernos de forma diferente a un historiador romano o del siglo XVIII, no estamos libres de sesgos. La política y nuestras sociedades también permean nuestra mirada. Tampoco nuestra visión es homogénea, y todavía hay temas que están en pañales y otros a los que no hemos querido mirar aún. Hay temas que resultan polémicos y escandalosos, o provocan una oposición ideológica. Hay temas que hacen fruncir el ceño a algunas personas o rechazar ciertas investigaciones sin siquiera pasar de la portada. Sería peligroso pensar que todo está hecho, que podemos investigar en completa libertad y que no solo la historia es la que es, sino que no supone ningún problema enfrentarse a ciertos ámbitos.

Un trabajo en continuo movimiento

Si algo puede considerarse una certeza en el mundo de la historia y la ciencia es que todo libro publicado se queda automáticamente obsoleto. El mundo se mueve, y se mueve rápido e inexorable. En el tiempo en que este libro se publica, habrán surgido nuevos debates y publicaciones, se habrán planteado nuevas preguntas. Además, aunque tengamos esto en cuenta, el análisis histórico e historiográfico es inabarcable, por la propia naturaleza colectiva del trabajo. Ni trabajamos ni pensamos en solitario, en una trampa de individualidad, sino que nos movemos en una especie de líquido no newtoniano que se funde a nuestro paso y nos resiste a la vez.

Esto quiere decir que, en este caso, como en cualquier libro de historia, hay una selección de temas, autorías y tiempos, y es imposible mencionar cada hito y a cada persona que ha aportado algo importante. Las obras de historia en general y las que tratan temas como la historiografía en particular siempre tienen que ser solo puntos de partida, un poco como faros, un poco como menús degustación. Hay un mundo ahí fuera para que exploréis… y es todo vuestro.

Tampoco es un libro de historia del arte, aunque aparezca la iconografía. Mil cosas podrían ser dichas sobre cómo se representaban las mujeres en el mundo clásico, cómo han pervivido mitos, prejuicios y estereotipos en el arte occidental, cómo se han resignificado en los ambientes colonizados o cómo se han desmenuzado y analizado en nuestros días. Y tendría mucha relación con esta obra. Cómo la musealización, por ejemplo, contribuye a la perpetuación de mitos, prejuicios y olvidos, o cómo sublimamos la violencia a través del arte son temas que tienen mucho que ver con el relato histórico, pero darían para otro libro completo, aunque volveremos sobre ello.

La historia nunca se ha movido sola, la filosofía, la sociología o la antropología van también de la mano y hace mucho que entendimos que es necesaria la colaboración y la reflexión conjunta tanto para la visión global como la particular.

En definitiva, a veces los libros tienen que plantear más preguntas que respuestas. Quizá es lo que todo ensayo debería hacer. Y aquí, ante todo, vamos a destacar la importancia de esas preguntas, de las que ya otras personas se hicieron y de las que podáis haceros a partir de ahora.

1. Cuando solo estaba Ella

No en todos los relatos hay que comenzar por el principio, pero en este caso lo haremos. Empezaremos por una época que, en realidad, era ajena a la historia de las griegas y las romanas, de las mujeres en general, o a cualquier cosa que no fueran los reyes, los grandes generales, las batallas sangrientas y los relatos de buenos y malos. Lo haremos porque, incluso en esos momentos, en los de la historia más tradicional y masculina, hay atisbos y brotes de lo que luego sería el florecer de la historia de las mujeres. También empezaremos por el principio porque nada se explica si no entendemos la profunda conexión entre cómo las sociedades se conciben a sí mismas y cómo conciben su pasado y su historia.

Así pues, empezaremos a hablar de nuestras griegas y romanas volviendo la mirada a quienes primero hablaron de ellas, sus propios contemporáneos... y desde ahí iremos avanzando

Entre las romanas y la Ilustración

El hombre, desde casi el principio de los tiempos, consideró importante narrar su historia y, luego, ponerla por escrito. Recordar su pasado y a sus ancestros, buscar genealogías y modelos, entroncarse con los dioses y justificarse en sus actos. Había una profunda necesidad de entender cómo habían llegado a donde estaban y por qué tenían derecho a esas tierras, por qué podían conquistar las del vecino, por qué sus reyes debían de estar donde estaban... o no existir en absoluto. Los hombres necesitaban situar sus sociedades y sistemas políticos en el mundo y en el tiempo, afirmar sus glorias, cantar a sus dioses.

En este caso, «hombre» no es un masculino genérico, como podríamos pensar, sino un masculino muy concreto. Fueron los hombres quienes, básicamente, tomaron el control del discurso histórico al mismo tiempo que tomaban el control de los sistemas políticos. ¿Quién sabe si en la Prehistoria eran ellas las encargadas de la memoria? Es más, tampoco es un masculino genérico que incluya a todos los hombres, sino solo los hombres de una clase, posición e intereses muy concretos, en cuyas manos la historia ha sido una herramienta poderosa que no aspiraba demasiado ni a la objetividad ni al rigor.

Por tanto, al construir esos relatos se fijaron en aquellos actos y personas que les interesaban y les servían para un objetivo determinado. Y la Historia, esa que se escribe con mayúsculas, se llenó de generales astutos e idiotas, batallas cruentas, actos de valor y traiciones rastreras, conspiraciones, reyes bondadosos o malvados, emperadores gloriosos o locos, legiones y bárbaros. Todo lo demás pasó a un segundo plano, se convirtió en masa, como los soldaditos de a pie en los ejércitos o los pobres que pedían pan en el anfiteatro, o en un instrumento útil para la narración... como las mujeres. Su papel quedó oculto por una mezcla de ideología, prejuicios e inercia.

De hecho, se redujo tanto a esas batallas y generales que incluso en el mundo clásico hubo quien se quejó de cómo se estaba haciendo la historia, como Luciano de Samosata en su pequeña obra *Cómo debe escribirse la historia*. No solo se lamentaba de que todo el mundo se había sentido impulsado y capacitado para escribir historia en su tiempo, sino de cómo se omitían los datos y sucesos para centrarse en una continua alabanza a los personajes más poderosos y una continua degradación de sus enemigos. Luciano decía que había historiadores que «ignoran que la línea que divide la historia y el panegírico no es un istmo estrecho, sino que hay una gran muralla entre ellos». Eso sí, no era ajeno a cómo funcionaba el machismo de la época: así, compara estos libros con un atleta vestido con los «aderezos de una putilla», o con Heracles cuando intercambia sus vestimentas con Onfale, la reina de Lidia. La considera, además, como del gusto del pueblo. En fin. Cuando vuelve a comentar, lejos de metáforas, los errores de esta forma de hacer historia, afirma que «se les podría odiar como descarados e inhábiles aduladores en el presente, y en el futuro porque con sus exageraciones hacen sospechosa toda la realidad histórica». Lamentablemente, hemos tardado mucho en sospechar de lo que nos afirmaban tan contundentemente.

Así pues, la historiografía del mundo clásico, es decir, la manera en la que hemos narrado y contado esa historia, empezó, aunque suene a perogrullada, en el mismo mundo clásico. Nuestros datos, además de la arqueología o la epigrafía, provienen de los textos que griegos y romanos nos legaron. Aunque suponen una inmensa minoría de lo que llegó a escribirse, componen un corpus amplio, con una gran cantidad de autores, de distintas épocas y con distintos intereses. Podemos llegar a hacernos una idea de qué cosas pasaron, qué discursos e ideologías triunfaron y cómo concebían el mundo. El problema es que, muchas veces, los hemos leído de forma demasiado literal, precisamente por esa concepción de la historia como algo con una mayúscula en su inicio, como hemos comentado antes. La historia son hechos, decíamos hace no tantos años, ajenos a las interpretaciones, una verdad absoluta. Ya veremos cómo tuvimos que caernos del guindo y reflexionar sobre esas ideas tan asentadas, aunque aún hoy se mantengan de manera poderosa en el imaginario colectivo. Parece que siempre que hablamos de usos y abusos de la historia, de ideología en su escritura o de sesgos, nos referimos al presente y, bastante habitualmente, a los autores cuyas ideas, políticas o teóricas, no compartimos.

Durante mucho tiempo solo tuvimos unos pocos ejemplos de mujeres, a veces incluso sin nombre, simplemente «la madre de», «la esposa de» o «la hija de». De hecho, en épocas recientes se ha venido estudiando cómo, a veces, borrar sus identidades era un acto completamente consciente. Los atenienses, por ejemplo, evitaban poner por escrito el nombre de sus mujeres o referirse a ellas en público por sus nombres propios. Los discursos judiciales dan vueltas y rodeos para evitarlos, mientras que no tienen problema con nombrar a las extranjeras. Eso sí, tenían menos problemas cuando, en la epigrafía funeraria, una mujer servía para asentar la posición familiar. La invisibilización consciente resulta muy significativa pero no sorprendente, pues ya era visible, por ejemplo, en el discurso fúnebre puesto en boca de Pericles por Tucídides, en sus *Historias*, y que se situaría a finales del siglo V, en plena guerra entre atenienses y espartanos[1]. En él se elogia a los soldados que habían muerto víctimas de la guerra, y se dirige a quienes han perdido a sus familiares. Por supuesto, también hace una mención a las viudas, pero tan solo dice que lo mejor para las mujeres es que su nombre estuviera lo menos posible en boca de los hombres, fuera para bien o para mal. La condena al olvido como regalo envenenado[2].

En cierto modo, el velo que usaban las mujeres griegas y romanas puede entenderse como una ampliación de esta domesticidad, un objeto que establece un muro entre el interior y un exterior vedado simbólicamente (y ya veremos que solo simbólicamente) a las mujeres. La presencia o ausencia de velo marcaba también un estatus social y era un signo del honor que toda mujer debía mantener; de hecho, la legislación romana consideraba un atenuante en las agresiones sexuales que la mujer agredida pudiera haber sido tomada por una esclava o una prostituta precisamente por haber salido descubierta, sin un manto adecuado o sin acompañantes.

Los gestos al usar esta prenda no son casuales, como comentaba Foucault cuando hablaba de las «tecnologías del cuerpo», sino que formaban parte de una cuidada ideología enfocada a encarnar la invisibilidad y silencio de las mujeres[3]. Mujeres sin nombre, mujeres sin rostro, mujeres sin voz. Aquí hay que señalar cómo quizá, tras el escaso estudio del uso del velo en Grecia y Roma, podemos intuir un cierto rechazo a hablar del tema entre los académicos por una cuestión social de asociación a lo oriental e islámico. La vinculación con el velo actual en un sentido amplio, desde el hiyab hasta el burka, crea ciertos recelos al analizarlo también en el idealizado pasado clásico.

Resulta igualmente curioso cómo esta prenda es un elemento que aparece y desaparece del imaginario colectivo en torno a estas mujeres. En las películas sobre el mundo clásico se ha tendido a presentar mujeres mucho menos vestidas de lo que sería aceptable en la época, con grandes escotes y con mantos meramente decora-

---

[1] Tucídides, *Historias*, II, 35 ss,
[2] Todas estas estrategias son estudiadas, por ejemplo, por Elena Duce Pastor. Cf. Duce Pastor (2023).
[3] En esto han trabajado, por ejemplo, Aparicio Crespo (2015) y Llewellyn-Jones (2003).

Figura 1. Tanagra (pequeña figurilla de terracota) helenística del siglo II a.C.,
Metropolitan Museum of Art, Nueva York.
Muestra la clásica postura de pudor que adoptarían las mujeres en el exterior,
tapándose con el velo. Frente a las imágenes de deidades o mitos, estas figuras nos
muestran los atuendos cotidianos.

tivos, sin ningún tipo de mangas. Incluso en las películas de los años cincuenta y sesenta el gesto de cubrirse era más un ocultamiento en momentos concretos que un elemento común cuando se representaban calles y mercados. De hecho, sería complicado cambiar hoy esa imagen y presentar una más cercana a la que nos encontramos en las tanagras, esas pequeñas figurillas de terracota que representan sobre todo a mujeres y que han tomado su nombre de la ciudad beocia en que se encontraron en gran cantidad.

Empezamos pronto, pero esto será algo que vamos a ver a lo largo de todo el recorrido del libro: los debates, tabúes, prejuicios y miedos presentes marcan de forma constante y fundamental las discusiones historiográficas y la forma de mirar y representar la historia. No solo es una cuestión de la historia de las mujeres (aunque de algún modo sea mucho más obvio) y nos demuestra lo identitaria y visceral que puede ser nuestra mirada al pasado. No tenemos que irnos muy lejos: con solo pensar en los debates, posturas y enfados que pueblan temas como la Reconquista (desde el mismo el término y sus usos), la conquista de América o la visión sobre la época medieval o el llamado filtro-mierda que siempre se le aplica, deberíamos dar una vuelta a nuestra imagen de una historia aséptica y propia de historiadores neutrales que solo sueltan datos y fechas.

En general, para las romanas la tónica era más o menos la misma que para las mujeres griegas, más allá del velo. La mujer ideal de clase alta debía guardar silencio, resguardarse en el hogar, cubrirse, ser casta y pía, ser doméstica y tímida. Era el símbolo y la encarnación de la comunidad y la familia. Si en Grecia se la nombraba por el patronímico (Briseida o Criseida, por ejemplo, de la *Ilíada*, son nombres que significan «hija de Brises» e «hija de Crises») o se hacía referencia a ellas por su relación con un pariente varón, en Roma directamente no tenían nombre. Quizá esto requiera una aclaración. El nombre romano funcionaba como una especie de documento de identidad en el caso de los ciudadanos y era tripartito (*trianomina*). La primera parte (*praenomen*) era el nombre personal, aunque no había mucha variedad. La segunda era un apellido familiar (*nomen*), la referencia, de hecho, a la familia en el sentido más extenso. Y la tercera era el *cognomen*, una especie de «apodo» que marcaba el lugar dentro de la familia más nuclear. Las mujeres nunca tuvieron *praenomen*, la parte personal en ese documento de identidad. Al principio solo tenían el *nomen*, el apellido familiar[4].

Cayo Julio César tuvo una hija que se llamó solo Julia, sus hermanas también hubieran sido solo Julia, y su tía, también Julia. Toda una serie de Julias, a secas, en la línea familiar, a veces conviviendo bajo el mismo techo. Se las distinguía como *maior* o *minor* (mayor o menor), con motes o, directamente, un numeral. Era el equivalente a que la hija de Julio José Iglesias de la Cueva, *aka* Julio Iglesias, se llamara Iglesias. Sin más. Posteriormente se fue incluyendo un nombre doble, ya que añadieron al *nomen* el *cognomen* o «apodo». Era algo que les permitía identificarse mejor en sociedad, y, así, nos encontramos una Julia Domna o una Julia Mesa. Pero nunca obtuvieron ese primer nombre personal. Una consecuencia curiosa puede apreciarse en la epigrafía; los libertos, para indicar que lo eran y que no habían nacido libres, podían indicar que eran libertos de Cayo, de Marco, de Publio o de Cneo, mediante la abreviatura C(neo)/P(ublio)… L(iberto), pero tuvieron que inventar un símbolo, una C invertida, para indicar que eran libertos de mujer. De una mujer genérica. De cualquier mujer.

Es curioso también cómo, de hecho, ese *duanomina* o nombre doble femenino venía de adaptar y adoptar, como estrategia, algo propio de las libertas. Las esclavas, en cambio, tenían un nombre único y personal, ya que no tenían una familia que referenciar. Este podía ser inventado por el dueño, que podía darles un nombre griego por puro exotismo o incluso un nombre insultante o ridículo. Cuando obtenían la libertad (y, por tanto, pasaban a ser, en cierta forma, familia de su patrono), adoptaban el *nomen* de su antiguo dueño, pero mantenían su nombre a modo de *cognomen,* en una especie de *duanomina.* Las ciudadanas nacidas libres adoptaron este nombre doble como una forma de identificarse más allá de la familia, imitando así unos estratos inferiores de los que tendrían que haber querido diferenciarse.

Un primer torpedo a la línea de flotación. El límite de nuestro lenguaje es el límite de nuestro mundo, que diría Ludwig Wittgenstein, e incluso cómo se ha llamado a las mujeres nos dice mu-

---

[4] Cenerini (2009). En España, por ejemplo, la onomástica como signo de identidad es estudiada por Cristina de la Escosura, tanto en cuestiones de género como de etnicidad.

cho de cómo podían enfrentarse a su mundo. Una griega y una romana serían plenamente conscientes de dónde las situaba un mundo que ni las nombraba. Y nosotros hemos tenido que mirar mucho para darnos cuenta de ello.

Otras muchas mujeres se convirtieron en tópicos sin cara, además de sin nombre: las malvadas brujas, las esposas descocadas que harían caer el imperio o que bailaban al calor de la hoguera de una bacanal... o las castas matronas que servían de modelo, calladas, sumisas, fuertes solo en la defensa de su familia o su honra. Las personas pasaron a ser personajes, Lucrecia frente a Mesalina, Octavia frente a Fulvia o Cleopatra. En unos pocos casos, los personajes adquirían un poco más de fondo y complejidad, como sucede con Livia, intrigante y pacificadora a la vez, asesina o diosa. Pero eran contadas excepciones y no dejaban de insertarse en un relato narrado con voz de hombre.

Así pues, es normal que las fuentes nos hablen poco de ellas. Cuando lo hacían, tenía que haber una excelente razón, tenían que servir de ejemplo, y eso no solía ser bueno. O bien se hablaba de las «malas mujeres», a las que se cargaba con toda clase de vicios y maldades, inventadas o no, o bien se recordaba a las excelentes que habían logrado adaptarse a la norma. Eso solía significar también un final trágico, como pasó con Lucrecia, o una vida en las sombras, de sacrificio y renuncia a los intereses personales, como ocurrió con Octavia. Suetonio o Tácito nos hablan de las mujeres de la casa imperial y, como con los emperadores, usan su supuesta vida sexual como justificación de su final o para cubrir intrigas mucho más políticas que las aventuras en el lecho. La historia, para los romanos, era, sobre todo, una maestra, pero eso significaba más usarla como ejemplo moral y advertencia política que aprender de unos hechos relatados con honestidad y la mayor objetividad posible.

O, al menos, eso es lo que parece al principio. Veremos que, en realidad, hay muchos más grises. En algunas fuentes encontramos a las mujeres rurales, como en Columela, pero son obras dedicadas a la enseñanza de la gestión de propiedades, incluidas las esclavas. En otras se menciona a las prostitutas y mujeres pobres, como en Petronio o los historiadores, pero siempre como ejemplo de rapacidad o como el tópico de la prostituta buena (y que, por supuesto, ofrecía sus servicios gratis a sus amantes). En unas pocas nos encontramos con las eternas invisibles, mencionadas de pasada, las médicas en Galeno o Dioscórides, las pintoras en Plinio o las gladiadoras en Dion Casio.

También tenemos a personajes más ambiguos, como las vestales juzgadas por impúdicas (tanto las condenadas como las que se libraron con una reprimenda), las jóvenes empresarias y políticas que actuaban en la vida pública romana, o las amantes de las poetas, tan alabadas como denostadas según el aire que le diera al autor. De hecho, también nos encontramos a las poetas mismas, a las escritoras con voz propia, roles que pocas veces hemos querido ver y muchas más hemos obviado descaradamente.

Por tanto, la primera pregunta no se la hacemos a las fuentes, sino a nosotros mismos, y es por qué no vimos a las mujeres en general y a las del mundo clásico en particular. Lo segundo que hubo que preguntar, esta vez sí a las fuentes, cuando nos dimos cuenta de que los textos no son una verdad absoluta solo por estar negro sobre blanco (o sobre algo más o menos amarronado, en este caso, que el papel es algo muy moderno), fue por qué. Y para qué. Y cómo. Estas son las preguntas que deberían acompañarnos siempre que nos enfrentemos a cualquier texto, antiguo o moderno. Esto es la historiografía.

También hay un qué. Qué conservamos y qué dejamos perderse puede parecer accidental, pero no lo es. No lo único, al menos. Los libros que se consideraban importantes se copiaban sistemáticamente, mientras que las obras que se veían como menores se borraban u olvidaban. A este respecto, los palimsestos nos han dado no pocas sorpresas a lo largo de la historia. Se trata de libros reutilizados, en los que se borraba lo anterior para escribir encima, pero no siempre de una forma eficaz. La falta de pericia del artesano, la resistencia de la tinta o nuevas técnicas para leer lo borrado nos han permitido rescatar numerosos textos. En ellos ponemos muchas de nuestras esperanzas para encontrar obras consideradas «menores», y puede que algunos de los textos de mujeres aparezcan en estos libros.

Así pues, los criterios de conservación han significado que incluso las voces de las mujeres que lograron destacar desaparecieron sistemáticamente, mientras que sus compañeros varones prevalecieron. Hemos perdido la historia de su familia que escribió Agripina, pero conservamos a Suetonio o Tácito. Hemos perdido las obras médicas de Antiochis, la obra científica de Hipatia… Lo hemos perdido casi todo de ellas.

Es más, durante mucho tiempo perdimos el mero recuerdo de que las mujeres habían escrito, filosofado, contribuido al desarrollo de la ciencia o la medicina, o reflexionado sobre su propia historia. Todavía, si le preguntas a Google por «*medica* romana» te espeta que te debes haber equivocado, que seguramente querías decir «medicina romana». La búsqueda por el término castellano, *médica,* te devuelve los mismos resultados, mientras que *medicus* o médico romano permite a Google –o al buscador de turno– ofrecer registros que van desde la medicina más general hasta nombres propios como Celso, noticias de tumbas de médicos o artículos sobre la figura del médico en el ejército romano.

Quizá, podríamos pensar, no había muchas. Al fin y al cabo, de Hipatia se ha hablado bastante. Hasta se hizo una película. Pero tampoco esto es del todo cierto. Agripina, como hemos dicho, escribió un amplio trabajo sobre la historia de su familia, aunque sea Claudio el recordado por dedicarse a las letras y la investigación. Pero no fue la única. Conservamos el nombre de Pamphila, que escribió una obra histórica en treinta y tres libros, hoy perdida, y algunos tratados menores, también perdidos. Trabajó más o menos en la misma época que Agripina, probablemente durante el reinado de Nerón. No era precisamente una desconocida (quizá deberíamos preguntarnos por qué nos sentimos en la necesidad de justificar la importancia de ciertas mujeres, como si la conservación o no de las obras dependiera solo de la calidad de las mismas o de sus autoras). Autores como Aulo Gelio o Diógenes Laercio citan su obra y una enciclopedia bizantina, la *Suda,* nos habla de ella.

Eso solo hablando de historia, porque sabemos que sobre filosofía (que no dejaba de ser ciencia) escribieron Asclepigenia, Sosípatra o Teano, sobre música Ptolemaida de Cirene. La poesía de Sulpicia solo se consideró digna de ser conservada porque fue un hombre el que introdujo su obra en la suya propia, a modo de inciso. Pandrosion escribía sobre matemáticas y tenía una escuela propia. El traductor de la obra donde se la mencionaba decidió, algo muy del siglo XIX, que se tenían que haber equivocado los copistas: ¿cómo iba a ser «ella» si se dedicaba a la ciencia y las matemáticas? Así que pasó a ser un «él» hasta que, un siglo más tarde, se volvió a traducir la obra y se descubrió el cambio.

También conservamos algún tratado sobre la historia de las mujeres, como el *Tractatus de mulieribus claris in bello (Tratado de las mujeres distinguidas en la guerra),* sobre un campo considerado, en principio, tan poco femenino como el de las artes bélicas. Es anónimo y parece incompleto, pero podría compararse con el de Plutarco sobre las virtudes de las mujeres, aunque con un tono distinto. Los romanos, varones, acomodados, con capacidad para escribir, controlaban qué se contaba y cómo, pero la cotidianidad se cuela en los relatos más homogéneos.

El problema, en realidad, es que ese control del relato siguió en manos de los mismos hombres poderosos con intereses durante mucho tiempo, los textos se siguieron leyendo de forma literal y las mujeres siguieron desaparecidas. No solo se transmitieron una serie de datos, narraciones y nombres, sino una forma de hacer y concebir la historia, una forma de contarla. Y esto también es la historia. Darnos cuentas de nuestras inercias y vacíos, de que la historia es una narración que nos repetimos una y otra vez, que está atravesada y permeada por nuestros propios valores, puntos ciegos, preguntas y perspectivas.

Solo unas pocas mujeres permanecieron en los libros y en la memoria, pero se convirtieron, como hemos dicho, en símbolos más que en personas. Igual que la existencia de reinas y personajes femeninos importantes no significa que no exista el patriarcado, tampoco la existencia de modelos o contramodelos femeninos, menciones y citas a las mujeres significa que la población femenina (como la infancia y otros grupos sociales, por otro lado) no estuviera invisibilizada. No es que la historiografía tradicional no se hubiera fijado en ellas en absoluto, como hemos dicho, sino que lo había hecho conforme a la interpretación androcéntrica del devenir de la humanidad, y esa inercia ha sido muy complicada de romper[5].

En el fondo, además, seguía influyendo en nuestra visión de la historia y las mujeres una idea que podemos retrotraer a Roma y que nos ha acompañado hasta hoy, aunque, en nuestros días, disimulada en una especie de mística de los géneros. Frente a un hombre histórico estaría una mujer-permanencia, una mujer doméstica que solo era eso, el concepto de mujer. El binarismo de género romano se expandía en otros pares que se vinculaban indisolublemente al de hombre/mujer, para crear una caracterización clara. Los hombres eran cálidos, secos y activos, mientras que las mujeres eran frías, húmedas y pasivas. Además, los hombres serían raciona-

---

5 Pedregal Rodríguez (2011).

les y se asociarían a la cultura, mientras que las mujeres serían emocionales y se conectarían, en su más íntima esencia, con la naturaleza. Aunque este vínculo es complejo y no siempre negativo, se perpetúa bajo ambas formas[6]. Y siempre ha parecido que naturaleza y emoción no han tenido mucho que ver con la historia. Tardaríamos siglos en cambiar esa perspectiva.

Veamos un caso significativo, la obra de Jacques Roergas de Serviez, que se tradujo y reimprimió de forma continuada. Este autor francés publicó en la década de los años veinte del siglo XVIII una investigación sobre los hombres ilustres de Languedoc, pero este trabajo se había visto precedido de su obra más conocida, una recopilación de fuentes sobre las emperatrices romanas, *Les Femmes Des Douze Cesars*[7]. Por supuesto, está plagada de tópicos sobre buenas y malas mujeres, y de consejos sobre cómo deberían actuar los hombres ante ellas y sus influjos. Aunque hoy nos parezca que el tema da para una enciclopedia entera y no es especialmente polémico o transgresor, el autor se vio en la necesidad de justificarse y justificar la obra y por qué creía que, realmente, daba para un trabajo concreto. Puede resultarnos absurdo y que hayamos levantado una ceja o nos hayamos sorprendido al leerlo, pero no dista tanto de una necesidad que ha recorrido toda la historia de las mujeres desde entonces: la necesidad continua de justificar no solo la importancia de ciertos temas, sino la propia definición de ciertos sujetos y ámbitos como «historia». Aún hoy sucede con cada libro sobre historia de la sexualidad, de las mujeres, de lo cotidiano.

Otro autor, William Alexander, ya a finales del XVIII, escribió también una obra sobre la historia de la mujer, *The history of women, from the earliest antiquity, to the present time* (*La historia de las mujeres, desde los inicios de la Antigüedad hasta el presente*, 1782), aunque, en realidad, tiene menos de historia que de recorrido moral. Para el autor, griegos y romanos eran poco más que bárbaros, unos seres primitivos muy atrás en una línea temporal progresiva hacia la civilización, y así interpretaba el lenguaje de los

---

[6] Tomaselli (1985). Por otro lado, en este artículo se puede observar la tendencia a ver la historia como un progreso continuo, incluso en la libertad de las mujeres, lo cual es más que discutible.

[7] Roergas (1718).

poetas satíricos como Juvenal o Marcial. Sin embargo, frente a lo que describe como poco menos que esclavitud de las mujeres en Grecia, creía que, con los romanos, estas empezarían a ser consideradas como sujetos, además de mejor educadas, y, como ejemplo, cita a Hortensia. Sin embargo, apenas da unas pinceladas y repite las anécdotas de los historiadores antiguos sin mayor cuestionamiento ni análisis. Por supuesto, no se priva de llamar pedantes a las mujeres educadas, citando a Juvenal, pese a que usara la educación femenina como elemento diferenciador entre griegos y romanos.

Lo mismo pasa con Christoph Meiners, que escribió *History of the Female Sex (Historia del sexo femenino)* en 1778, una oposición muy mitificada entre una Grecia y un oriente exóticos y bárbaros, de harenes y mujeres encerradas, frente a una Roma y un Occidente civilizados que respetaban a las mujeres. No deja de ser curioso que, en un momento de retroceso de los derechos de las mujeres, en una época en que Rousseau escribió, junto con el *Emilio*, un complemento sobre la educación femenina, «Sofía o la mujer», en que esta no pasaba de ser una ayuda doméstica y emocional del varón, se usara la dignidad de la mujer como forma de ataque a las sociedades consideradas «orientales».

Hay que destacar cómo, en estas obras, se insiste en la ignorancia y barbarie masculinas como una de las causas principales del maltrato a las mujeres. Parecería que, por fin, el debate sobre los derechos de las mujeres y la igualdad estaba, de alguna forma, sobre la mesa, pero, no nos engañemos, el tema del racismo y la asociación de lo salvaje a lo extraeuropeo o a un pasado primitivo constituían un elemento mucho más fundamental. No se pretendía demostrar que la mujer tenía derecho a ser tratada igual que los hombres, y que su libertad y agencia eran algo fundamental a conseguir, sino solo que esas mujeres, que seguían siendo consideradas inferiores, nunca habían vivido mejor que con los señores ilustrados, el triunfo de los buenos modales y la dulzura de la razón. La mujer, en el pasado, habría sido una esclava, pero el progreso solucionaría el problema. Por supuesto, quienes aducían teorías sobre el buen salvaje opinaban lo contrario[8].

Si se daba por supuesto la inferioridad femenina y solo se consideraba que tratarlas como perros era de bárbaros incultos e inci-

---

[8] *Ibid.*

vilizados, había otro ámbito aún menos cuestionado, el de la esclavitud. Apenas se discutía, en esta época, la existencia y legalidad de la esclavitud en general y de las personas consideradas subhumanas o primitivas en particular. La mujer seguía siendo una excusa para criticar a ciertos hombres, costumbres, las culturas consideradas bárbaras o ajenas, o para demostrar cuánto y cuán bien se conocía la historia, hasta el punto de que incluso se podía hablar de ellas. Las mujeres aún no eran agentes y sujetos de la historia, solo un objeto brillante, útil y curioso.

Con la Ilustración y el afán historicista docto se escribieron varias biografías de mujeres particulares del mundo clásico, en la misma línea de considerar a las mujeres como objeto en la historia más que sujeto, como un elemento con el que lucirse. Por un lado, eran ejercicios de virtuosismo erudito; por otro, solo eran eso, y el sesgo tendía claramente a una visión acrítica de las fuentes. Aun cuando el poder femenino, en la actualidad, sigue siendo un foco principal de atención, ha cambiado de forma fundamental la perspectiva sobre el mismo, y el esfuerzo por deconstruir la visión androcéntrica ha permitido elaborar relatos más complejos y poliédricos[9]. Estos estudios se unían también a un cierto debate sobre la naturaleza femenina y la capacidad o «espíritu» de las mujeres, que puede retrotraerse a la llamada «querella de las mujeres». Este debate, más literario que real en el caso de muchos autores y que puede retrotraerse al siglo XIV, tuvo como su máximo exponente a Christine de Pizan y su obra *La ciudad de las damas.*

También hay que reconocer que algunas de las biografías actuales siguen apegadas a las visiones más tradicionales en torno a las mujeres poderosas, con sus acusaciones sexuales y los intentos de denigrarlas por parte de las fuentes. Personajes como Livia, Agripina la Menor o Mesalina han continuado llenando los imaginarios colectivos de retratos de perversidad, adulterio, traición y asesinato. A lo largo del siglo XX se ha mantenido una lectura poco crítica en los libros de historia y en las biografías, tanto desde el mundo académico como desde una divulgación no siempre comprometida, que parecía encontrar en el sensacionalismo una vía segura hacia el éxito[10]. También ha sido común en el imaginario que se ha

---

[9] Cid López (2015).
[10] Cid López (2014) y (2015).

transmitido a través de series, novelas o películas, desde *Calígula* de Tinto Brass a *Yo, Claudio* (tanto la novela de Graves como la serie de la BBC) o las numerosas películas sobre Mesalina en que se explota el tópico de la *femme fatal*, seductora, despreocupada o malvada. Asimismo ha afectado a las mujeres que se cruzaron en el camino de los romanos, como amigas o enemigas... sobre todo como enemigas. El mayor ejemplo ha sido, quizá, Cleopatra. Roma (se escribe «Roma» pero se pronuncia «Augusto») se empeñó mucho en construir una imagen de reina malvada, dispuesta a destruir y devorar a los pobres romanos que pudieran caer en sus garras. Desde Bocaccio hasta Eslava Galán, las fuentes y novelas han insistido, quizá con escasas excepciones como las de G. Chaucer en el siglo XIV o Gautier de Costes en el XVII, en una Cleopatra viciosa y perversa[11].

Una de las constantes en estas biografías clásicas, sobre todo en el caso de Cleopatra, ha sido la atención a la belleza o encanto de las mujeres poderosas. Una atención que, para afirmar o desmentir, pocas veces se ha aplicado a los hombres y, mucho menos, hecho correr ríos de tinta sobre su influencia en la actividad política de los mismos. No hablamos ya de la sexualidad, las traiciones o los adulterios, sino de los constantes debates sobre la belleza o el mito de la misma en estos personajes. Hasta que no llegó una nueva forma de mirar la corporalidad en la historia y la sociedad no se empezó a cuestionar por qué se consideraba algo importante.

Ahora bien, si la belleza no ha sido un elemento a considerar en los hombres, no se puede decir que esa corporalidad teñida de moralidad no esté presente en las descripciones de los emperadores o personajes perversos. En el fondo, el bueno de la película podía ser feo si también era «fuerte y formal», que diría la canción, pero los villanos eran descritos normalmente como seres pasivos, afeminados, de una sexualidad incontrolable y con los vicios marcados en la cara, como si del retrato de Dorian Gray se tratara. Lo que hoy hemos llamado *queer coding*[12] ya estaba presente en el mundo antiguo, con Nerón o Heliogábalo emparejándose o casándose con sus libertos, o Tiberio y sus pececillos, pequeños niños

---

[11]   Cid López (2000).

[12]   Ese conjunto de características que llevan a pensar que un personaje es LGTBIQ+ y que lo asocia, casi siempre, a la villanía.

que usaba sexualmente. Quizás aquí podamos acordarnos de los Nerones fílmicos o de Scar y Úrsula, pero también de cómo los asesinos en serie guapos se han librado de las investigaciones durante mucho tiempo por no despertar sospechas o han tenido admiradores en la cárcel. La belleza femenina era, como poco, peligrosa para su poseedora o para quien sucumbiese a sus encantos; la masculina, un atributo heroico.

Solo recientemente, como decíamos, se ha prestado atención a una nueva forma de enfocar el tratamiento de estas mujeres y su relación con el poder y la historia, tanto desde la historiografía más académica como desde una ficción más influida por el feminismo o los nuevos movimientos sociales. Hay que tener en cuenta que la reapropiación, tanto de figuras como de insultos, siempre ha sido un mecanismo que, por una parte, fomenta el cambio y, por otra, lo refleja. Así, Agripina, por ejemplo, ha sido reivindicada por Emma Southon y Cleopatra por Michael Grant o Duane Roller. María José Hidalgo de la Vega, Rosa María Cid López o Judith Ginsburg han reflexionado sobre el poder femenino a través de estas figuras. No se trata de dar la vuelta a la tortilla y crear esas hagiografías que tanto molestaban a Luciano, sino de empezar a tratar a las mujeres con poder desde una perspectiva política. Las construcciones de villanas caricaturizadas dejaban paso a otras visiones y preguntas, a mujeres más humanas, a un intento de escudriñar estructuras y la propaganda.

No todas estas mujeres poderosas eran necesariamente reales; de hecho, los personajes mitológicos o semimitológicos nos permiten entender mejor los discursos en torno a las mujeres y el poder. Asimismo, han sufrido muchos más procesos de resignificación y subversión, porque en eso los mitos son un campo fértil. En el ámbito de la ficción y la lucha social, quizá el ejemplo más significativo haya sido el de Medea, que ya sirvió a las mujeres victorianas para canalizar la expresión de un malestar social. Sus discursos escritos en la obra de Eurípides, sobre todo el monólogo dirigido a las mujeres de Corinto, se convirtieron también en un elemento recurrente para las sufragistas anglosajonas y una reivindicación de las injusticias cometidas contra las mujeres. Representaba igualmente la rabia de las mujeres, dirigida contra hombres que las dejaban sin opciones, la rabia que desembocaba en violencia. También la Lisístrata de Aristófanes fue usada con la

Figura 2. William Blake (activo 1777-1827), *Medea matando a sus hijos,* The Art Institute of Chicago. Esta Medea aparece en el momento de matar a sus hijos. Esta historia extraña cautivó a muchos artistas para representar la maldad femenina extrema. Los senos al aire, normalmente expresión de súplica ante los hijos, se deforman en una escena cargada de emoción.

misma finalidad en numerosas ocasiones, pese a la intención claramente conservadora de su autor, mostrando perfectamente cómo funciona la reapropiación y resignificación de los mitos clásicos.

Amy Levy, en 1882, escribió un drama sobre Medea en el que afloraban no solo los problemas de género, sino también los raciales, desde su posición de mujer judía en un mundo bastante hostil con ambas categorizaciones. Al fin y al cabo, era un lugar compartido con esa Medea extranjera que ha renunciado a su patria, su familia y cualquier red de solidaridad, que tenía que vivir entre quienes no acababan de considerarla de los suyos pese a los años transcurridos y los hijos nacidos en su nueva tierra. La obra presentaba a una Medea solitaria, mujer y extranjera frente a las sospechas corintias, que luchaba para ser aceptada, en la que el orgullo del que hacía gala en el mito clásico era solo una fachada[13].

Algo anterior, de 1870, es el largo poema *Medea in Athens*, de Augusta Webster, en el que la escritora usó el tópico de la (anti)heroína, exiliada de Corinto a Atenas tras el episodio de la tragedia, doblemente extranjera, que se entera de la muerte de Jasón. Medea, que ya había profetizado el destino del «héroe», usa su voz y su queja como forma de transgresión y protesta, por un lado, pero también como elemento de expresión de sufrimiento y tristeza. Años después, otra autora, Elena Soriano, represaliada y reprobada por el franquismo, reconstruyó y exploró el mito en *Medea 55*, donde trató también temas como la represión sexual, el exilio y la traición. Daniela, la protagonista de la obra, a diferencia de Medea, ha experimentado una maternidad frustrada y esto se erige en un punto fundamental de diferencia, en cierto modo, con la obra de Eurípides. Como resulta fácil de suponer, su obra fue censurada[14].

Demea de Guy Butler, escrita en los años sesenta pero que no pudo ver la luz hasta los noventa, es otro perfecto ejemplo de resignificación en el que, además, se mezcla la decolonialidad: la princesa, africana y negra, y su historia de amor con un capitán inglés, Jonas Barker, que la utiliza para acceder a las redes de comercio local, pero que la abandona por una muchacha blanca. La racialidad, las mitologías locales, el patriarcado y la violencia de género, así como las visiones apocalípticas, también aparecen en las Me-

---

[13]   Villalba Lázaro (2022b) y (2018).
[14]   Sobre la figura de Medea, cf. López y Pociña (eds.) (2002).

Figura 3. Peter Paul Rubens, *Cabeza de Medusa,* 1617-1618, Kunsthistorisches Museum, Viena. Medusa es vista como una presa por el mismo hecho de ser un monstruo, pero se convierte en un trofeo precisamente por la posibilidad de la caza. En la mitología era la única mortal de entre sus hermanas y, por eso, se convierte en un objetivo. En este cuadro de Rubens se representa el momento de la muerte, entre el miedo y la rabia.

deas de Cherríe Moraga (*The Hungry Woman*, 2001) o Wesley Enoch (*Black Medea*, 2007)[15]. La película de Pier Paolo Pasolini sobre Medea, de 1969, ha sido igualmente interpretada en este sentido. Los habitantes de la Cólquide, incluida Medea, son representados como primitivos y tranquilos, una sociedad que tiene que sufrir la irrupción, saqueo y transformación por parte de los griegos liderados por Jasón.

Sin embargo, Medea no es un caso único, ni la reapropiación viene solo de la literatura o la Academia. La cultura popular actual, por ejemplo, en ámbitos femeninos y feministas, ha recogido la visión ovidiana de Medusa, en la que esta se convierte en un monstruo como castigo por haber sido violada por Poseidón en el templo de Atenea, para convertir su figura en un símbolo de la supervivencia a la violencia sexual. Curiosamente, una figura que ya servía de protección en el pasado, en la forma del *gorgoneion* (el amuleto construido con la cabeza de Medusa), vuelve a servir de protección simbólica hoy, en forma de tinta en la piel de las supervivientes, aunque con una perspectiva completamente diferente.

---

[15]   Villalba-Lázaro (2022a).

Frente a las obras ilustradas de corte moral o erudito, y ya entrando en el siglo XIX, Mary Hays publicó también una obra biográfica en femenino, titulada justo así, *Female Biographies*. Sin embargo, era un concepto más amplio, con ideas diferentes a las anteriores, un trabajo en seis volúmenes con pequeñas biografías de casi trescientas mujeres, de toda condición y periodo histórico, de Cleopatra a Cinisca, de Fulvia a Juana Grey[16]. En este caso, la intención reivindicativa era clara y explícita, muy alejada de los ejercicios retóricos ilustrados, de signo completamente contrario. Quería que, efectivamente, la mujer pasara a ser central, sujeto de su propia historia, visibilizarla. No podemos olvidar, por ejemplo, su amistad con Mary Wollstonecraft. Es decir, ya desde el principio la recuperación de la historia de las mujeres tuvo un componente político y social evidente, que no pasó desapercibido en su época. Ahora bien, a lo largo de todo el libro deberíamos repetirnos una pregunta: ¿por qué ese intento de crear una genealogía, explicar el pasado y reivindicar una historia propia se ha considerado político, pero se ha obviado la misma carga política de obviar a las mujeres? ¿No era (o es, en muchos casos) una justificación de un orden existente y una perpetuación de cómo hemos percibido la sociedad y la cultura? Los sesgos androcéntricos en la historia, fuera en la romana o en la ilustrada, en la del XIX o en la del XXI, no han sido meros descuidos inocentes. La historia siempre ha sido historia contemporánea, como suele decirse.

EL SIGLO XIX, UNA ETAPA CONTRADICTORIA

El XIX fue un siglo complejo en el que se combinaron, sin demasiada solución de continuidad, un aumento del puritanismo y un intento de control de las mujeres con el inicio de las luchas sufragistas, al igual que un creciente interés por la educación y un analfabetismo disparado, o las primeras corrientes socialistas y las reacciones más conservadoras. En el fondo, acciones y reacciones se combina(ba)n en una tensión global entre el orden establecido y la lucha por la mejora de los grupos sociales más desfavorecidos.

---

[16] Hays (1802-1807).

Dentro de este ambiente, la historia se institucionaliza. Los historiadores pasan a ser figuras profesionales y no solo doctos eruditos. Se buscaba en la historia, sobre todo en la medieval, una justificación para los Estados, una especie de germen inicial y esencial al que recurrir como elemento identitario. Y aquí habría que hace un inciso, porque, cuando hablamos del surgimiento de las ciencias y las disciplinas, casi nunca son actos inocentes, y podemos ver detrás de ello una serie de premisas ideológicas. Y la premisa ideológica básica suele ser la de justificar y mantener el orden social. Eso vale tanto para la biología y su afán en clasificar las razas humanas y demostrar la superioridad blanca como para la historia y su búsqueda de continuidad entre sus presentes y unos «orígenes». Esto no quiere decir que, como cualquier ciencia, no sean herramientas que también han ayudado a desmontar mitos, conseguir logros que ayuden a la humanidad en su conjunto, o que haya que descartar cualquier conocimiento. Lo que quiere decir es que no podemos ser ingenuos cuando nos enfrentamos a ellas, ni olvidar lo que decía Donna Haraway sobre el conocimiento situado: cualquier ciencia se ve permeada por el hecho de que quienes la hacen son seres humanos que han crecido en sociedades con lenguajes, valores e ideas concretos.

Un buen ejemplo nos remite, precisamente, a los debates sobre la situación social y legal de las mujeres del mundo clásico, que ya vimos en el siglo anterior. La idea –o la imagen más bien– de las mujeres griegas recluidas y segregadas por influencia de las migraciones jonias desde el Próximo Oriente, frente a la libertad e independencia de época homérica, como un ejemplo histórico del modelo de harén, dentro de corrientes orientalizantes siguió siendo el caballo de batalla de muchos historiadores en el siglo XIX, frente a un Occidente libre. Es curioso cómo, al igual que había pasado en el XVIII, todo ello se combinaba con las burlas a las luchas femeninas, como el sufragismo. Tampoco podemos decir que sea un debate o un recurso del todo cerrados en la actualidad, donde la lucha Oriente-Occidente sigue siendo un tópico que permite justificar conflictos actuales.

El espíritu de la *Enciclopedia* tuvo su reflejo en la literatura educativa y escolar, en un sistema cada vez más reglado y con una idea de la historia diseñada para moldear una identidad cívica y nacional. En España se escribieron una serie de recursos didácticos, como las enciclopedias escolares, enfocadas a ser un apoyo a las enseñanzas de los maestros. Sin embargo, aun así, la historia no era, precisamente, la rama del saber más representada y las mujeres apenas estaban presentes. Ahora bien, también se escribieron algunas obras enfocadas específicamente a las niñas, en las que las narraciones sobre reinas y santas aparecían como elemento principal, pensado para servir de ejemplo, fuera bueno o malo. La historia continuaba siendo una «maestra de vida», usada de forma consciente para transmitir valores, pero, además, la historia de las mujeres solo podía ser modelo para las mismas, no para un público general.

Así, en *Flora, lectura para niñas* de Pilar Pascual de Sanjuán, en 1881, aparecen numerosas mujeres, pero consideradas siempre desde el espíritu didáctico del modelo y el contramodelo. Tuvo bastante éxito y se reeditó hasta 1955[17]. Pese a su enfoque infantil, se citaban muchos más nombres que en las enciclopedias, que se limitaban a nombrar a mujeres como Isabel la Católica o Teresa de Jesús, y se podían encontrar nombres como el de Urraca o el de María de Molina. Muchos libros de texto hasta hace relativamente poco seguían teniendo más del espíritu de estas enciclopedias y recogían muchas menos mujeres que Flora.

De nuevo, solo en época contemporánea se ha empezado a estudiar el influjo de esta falta de modelos en la educación más básica en el desarrollo y permanencia de una visión androcéntrica en los adultos, en una imagen «popular» de una historia sin mujeres. Los imaginarios no se crean de la nada. ¿Cuántas veces, al mencionarse la historia o su divulgación, se piensa en los materiales creados para la educación básica? Sin embargo, en muchas ocasiones, será el único acercamiento sistemático que tenga buena parte de la gente a la historia.

En el siglo XX, en pleno franquismo, volveríamos a encontrarnos otra obra pensada para la lectura infantil y, concretamente, con las niñas como público. Es *Guirnaldas de la Historia*, de Agustín Serrano de Haro, de 1947. Poco después, Fernando de Velasco, en torno a 1950, escribiría *Cuando las grandes mujeres eran niñas*, con el mismo objetivo. En la segunda obra, no encontramos a ninguna romana y, en la primera, solo a algunas santas o damas muy tardías

---

[17] Ballarín Domingo (2019).

o visigodas[18]. En todos los casos se pasa, básicamente, de algunas mujeres míticas «antediluvianas» a las mujeres bíblicas y luego a las visigodas, como si las romanas apenas hubieran existido o no hubieran tenido importancia política alguna en la historia general o en la de la Península.

Bueno, podríamos pensar, son obras para un público infantil y de una época en que aún la historia de las mujeres o de género sonaba a algo marciano. Sin embargo, la preferencia por el estudio de las épocas moderna y contemporánea sería luego una constante, y costaría insertar la Edad Antigua y, sobre todo, la Prehistoria en este tipo de perspectivas.

Un buen ejemplo, aunque tardío, de las contradicciones internas que hemos mencionado es el de la obra de Ettore Ciccoti, *Donne e politica negli ultimi anni della Repubblica romana,* publicada en 1895. Este autor, cuyo activismo político socialista y contra el régimen de Mussolini le llevó a la marginación política y social, y a su expulsión de la universidad, escribió una obra profundamente revolucionaria y conservadora a la vez[19]. Por un lado, busca una historia alternativa a la meramente política, o más bien a la meramente política masculina. Las mujeres, los amores y odios, y la política doméstica salen a la luz como motores de la historia, y se interesa por las transgresiones a los roles de género con una visión política. Sin embargo, además de acabar cayendo, de nuevo, en ver a las mujeres a través de su relación con los hombres de la época, se puede adivinar un profundo conservadurismo moral en su trabajo. Como con las fuentes clásicas, las buenas mujeres son las que se atienen a su papel de esposas y madres. Hay que tener en cuenta que, al final, toda historia es historia contemporánea y este era un momento en el que las sufragistas peleaban por sus derechos y rompían los esquemas tradicionales.

En esta visión coincidiría, por ejemplo, con autores posteriores y con concepciones sobre la política completamente distintas, como Jérôme Carcopino, que afirmaba que «la evolución de la familia romana fue desde el más estricto formalismo hasta el liberalismo más extremo»[20]. El autor destacaba cómo el paso de un ma-

---

18 *Ibid.*
19 Ciccotti (1895); Cid López (2020).
20 Carcopino (2001 [1939]), p. 79.

trimonio *cum manus*, en el que la autoridad recaía sobre el marido, a uno *sine manus*, en el que quedaba retenida por el padre, había dejado desarmados a los maridos. Es más, para completar el panorama, dudaba de si la baja tasa de natalidad de la elite romana se debía completamente a las mujeres libertinas que controlarían su natalidad o a un «empobrecimiento de la raza», mezclando todos los prejuicios posibles en su reflexión. Volveremos a él y a esta obra. Estas construcciones ideológicas coincidían con el miedo a la entrada de las mujeres en el mundo académico. Durante mucho tiempo, necesitaron permisos especiales para asistir a las clases y no se les permitió obtener los títulos de las carreras que estudiaban. Edith Hamilton, por ejemplo, una de las más destacadas helenistas de finales del XIX y principios del XX, no solo tuvo que estudiar apartada sino, en ocasiones, incluso tras cortinas. Obtener su doctorado fue una continua pelea, en la que no siempre ganó, y le negaron la posibilidad de entregar su tesis en alguna ocasión. De igual modo, Annie Rogers obtuvo en 1873 las mejores notas en los exámenes de acceso a Oxford, pero le negaron el acceso al descubrir que era mujer. Entre 1896 y 1897 fue bastante activa cuando la misma universidad debatió si las mujeres debían de poder obtener títulos, sin éxito. No sucedería hasta tres décadas después, y su título, pese a haber demostrado que podía sacar mejores notas que cualquier hombre, solo llegó en 1920. Aun así, trabajó como tutora en la Association for Promoting the Higher Education of Women, dedicada al mundo clásico, y fue profesora de Latín en un colegio para niñas.

Cuando en Cambridge se votó el tema de la titulación, también hubo problemas. De hecho, las mujeres se encontraron una enorme pancarta con el lema «Vete a Girton. Vete a Newnham. No hay sitio para doncellas como vosotras», con la cita de *Mucho ruido y pocas nueces* de Shakespeare. A ello se añadía que habían colgado un muñeco que representaba a una mujer.

No es complicado averiguar en qué pensaban los autores que hemos citado antes cuando hablaban de mujeres liberadas como causantes de la ruina de las naciones o, al menos, como contramodelos sociales frente a las fuertes y valientes romanas del estilo de Cornelia o Lucrecia. Sin embargo, es curioso cómo esta imagen, que entroncaba bien con las críticas de autores como Cicerón o Juvenal, se quedó grabada a fuego en el imaginario colectivo. ¿Pero

Figura 4. Los hombres de Cambridge no solo se manifestaron para impedir que las mujeres pudieran acceder a los títulos oficiales de la universidad, sino que también celebraron su victoria ante ellas, como puede verse en esta foto de Thomas Stearn, tomada en 1897. Princeton Univesity, Graphic Arts Collection.

quién conoce a estos autores?, podríamos preguntarnos. No han podido influir tanto en cómo vemos a nuestras señoras griegas y romanas, ¿verdad? Ahora pensad un momento en cuántas veces habéis leído, visto en cuadros o en la televisión, o tenido una imagen de la «decadencia» del Imperio romano asociada a una degeneración moral, con orgías y romanas de vestidos transparentes. Pensad en cómo estos discursos han cimentado otros más políticos, de tendencias conservadoras y de extrema derecha. Cuántas asociaciones entre migración, degeneración sexual de las mujeres y el fin de una época, con los bárbaros, a la vez salvajes y castos, acabando con una sociedad que parecía inmortal.

Pensad también no solo cuántas veces hemos visto u oído el mito de la «degeneración» romana, sino en la cronología que obviamos al asumir ese mito. Pese a que el argumento hace aguas por todas partes y solo hace falta volver realmente a las fuentes o pensar cómo el Bajo Imperio fue una época de creciente represión sexual, por ejemplo, para que se caiga todo el castillo de naipes, la imagen sigue gozando de buena salud.

Por otro lado, las mujeres también habían empezado a escribir su propia historia o, al menos, a hacerlo a cara descubierta y de forma no solo pública, sino inserta en las corrientes más académicas y oficiales, como pasó con Clarisse Bader. De familia militar, recibió una educación a la que no todas las mujeres de la época podían aspirar, lo que incluía una fuerte formación humanística, que le permitió vivir de la escritura. Como otras mujeres de la época, como Frances Power Cobbe[21], que vivió con su novia, se ganó la vida con el periodismo y nunca hizo caso a las convenciones sociales, pudo hablar abiertamente sobre los derechos y la condición de la mujer, pero, a diferencia de otras sufragistas y feministas, una gran parte de su trabajo se centró en la historia. No solo eso, sino que consiguió el reconocimiento de la Academia francesa y, más importante aún, que esta financiara parte de sus investigaciones.

De hecho, concibió, de forma pionera también, la historia de las mujeres como un campo propio y escribió tanto de las mujeres en la India antigua o la Francia contemporánea como de las mujeres griegas y romanas. Tampoco veía las fuentes de una forma tradicional, y no dudó en criticar cómo se habían tratado los textos

---

[21] Mitchell (2004).

clásicos y las lecturas literales que tan populares eran y seguirían siendo mucho tiempo. Por otra parte, por mucho que dejara de lado la literalidad en ciertos casos, su espiritualidad también le hacía pintar un retrato de una sociedad romana pervertida frente a la religiosidad de las mujeres y su papel como matronas.

Murió en 1902 y durante toda su vida se había mantenido soltera. No es una afirmación baladí ni un dato de puro salseo. En cambio, es algo que se ha repetido muchas veces entre las mujeres dedicadas a la investigación, pues la presión social ha hecho que tuvieran que elegir entre su trabajo y una familia tradicional, al contrario que los hombres, que nunca habían visto un problema en ello. Quizá también obviamos que «una familia tradicional» no ha sido siempre la aspiración de las mujeres, por mucho que quisiera imponer la sociedad, y que las amigas podían ser algo más. Pese a todos los sacrificios, premios y logros, pese a todo lo que había trabajado, en su acta de defunción las autoridades la consignaron como «sin profesión»[22].

Otros pocos nombres se unen al de Clarisse. Antoinette Symon de Latreiche, por ejemplo, unió sus escritos sobre la educación de las jóvenes y sobre las colonias francesas con biografías en femenino, al igual que Joséphine de Marchef-Girard u Olympe Audouard[23]. Vale la pena traer estos nombres a colación, no solo por su obra sino por percibir que, cuando pensamos en los siglos previos al XX y XXI como en un páramo para las mujeres, en realidad simplemente hemos cubierto de polvo un gran número de nombres femeninos.

El origen del mito del matriarcado

Uno de los grandes conceptos para la historia de género que sí podemos retrotraer al siglo XIX y que tendría un recorrido enorme y complejo a lo largo de la historiografía es el de matriarcado. Quizá, en el fondo, supone desviarnos un poco de nuestras griegas y romanas, pero no demasiado. Las teorías matriarcales surgieron precisamente de la construcción más clásica (en todos los sentidos de la palabra) del género y de la justificación más básica (y más

---

[22] Sandras (2022).
[23] Ernot (2009).

mítica) del orden social organizado en torno al mismo. La pregunta que se hicieron sobre por qué las mujeres tenían menos derechos y consideración requería una explicación, al menos semihistórica, y, como ya hemos comentado, hemos tendido a leer esas explicaciones de forma demasiado literal. Aunque parezca un concepto que nos lleva a la Prehistoria, en realidad surge de la lectura de nuestros autores clásicos, tanto griegos como romanos.

Dicho concepto aún perdura hoy en el imaginario colectivo de una forma difusa y bastante atemporal. ¿Qué pasaría si hiciésemos una encuesta sobre esta idea? ¿En qué época histórica se situaría? ¿Qué idea de poder político nos daría? ¿En qué espacio geográfico? ¿Con cuántos mitos? Quizá un buen ejercicio que deberíamos hacer es el de reflexionar sobre cómo se organizan las sociedades que nos venden como «matriarcales», ya sean las del noroeste hispano, las africanas o algunas americanas. En ellas, el poder político lo siguen ostentando los hombres y el poder femenino suele ser alternativo, como la «autoridad» dentro del hogar para organizar el trabajo, o el poder religioso o espiritual. Muchas veces se aduce como prueba de esa matriarcalidad el que las mujeres puedan acceder a la propiedad, sobre todo de la tierra, o que se las escuche en sociedad, ya sea en asambleas o de forma más extraoficial.

Tenemos el listón realmente bajo en estos temas y, como mucho, se conciben sociedades igualitarias, pero pocas veces, fuera de las distopías o sociedades míticas, el matriarcado se percibe como un sistema en el que los hombres estuvieran en una situación subordinada y carente de derechos políticos o sociales. En algunas, incluso, se elimina el factor masculino en vez de subordinarlo, como en el caso de las míticas amazonas.

También hay que tener cuidado con la confusión entre matriarcalidad y matrilinealidad o matrilocalidad. Mientras que el primer término hace referencia al poder político femenino y una situación análoga al patriarcado pero con un «cambio de géneros», el segundo y el tercero se corresponden con una herencia por vía materna o un traslado de los hombres a la casa y familia de las mujeres cuando se produce un enlace. Aunque parecen ser elementos que favorecen una serie de solidaridades femeninas o que mejoran la situación social de las mismas, distan de significar un poder político femenino y mucho menos uno exclusivo, sino que este lo ostentarían los hermanos y parientes varones en cualquier caso. De hecho, en muchas ocasiones son sociedades especialmente guerreras, en las que ese oficio recae en los hombres, con el consiguiente prestigio asociado, como en algunas de las comunidades nativas norteamericanas. En ellas, los hombres cazarían y guerrearían, pero el trabajo constante y pesado de los cuidados recaería sobre unas mujeres cuya posición no sería mejor que en el resto de sociedades patriarcales.

La misma idea original de matriarcado, de hecho, tal como surge en el siglo XIX, es terriblemente misógina y patriarcal. En su variante moderna, podemos retrotraerla a la publicación en 1861 por Johann Jacob Bachofen de la obra *Das Mutterecht (El derecho materno)*, en la que se proponía una visión lineal de la organización social, desde una promiscuidad inicial hasta llegar a un patriarcado civilizador. El subtítulo *(eine Untersuchung über die Gynaikokratie der alten Welt nach ihrer religiösen und rechtlichen Natur [Investigación sobre la ginecocracia del mundo antiguo según su naturaleza religiosa y jurídica])* hacía referencia al estudio, según su naturaleza religiosa y jurídica, de la ginecocracia. Había surgido (o resurgido) un mito, el del poder femenino originario.

Para Bachofen, la evolución de las sociedades equivaldría al crecimiento humano. La infancia de las mismas vendría marcada por el dominio femenino, bien en un estadio inicial de heterismo, un periodo de promiscuidad sin matrimonio ni reconocimiento paterno, bien en una ginecocracia, es decir, un dominio femenino, pero vinculado ya una deidad como Démeter, asociada al hogar y a la monogamia. Así se pasaría de un periodo inicial caótico, primitivo y salvaje a una estructura «civilizada» pero invertida en cuanto al género dominante. La supuesta lujuria infinita de los hombres, que llegaría a poner en riesgo la vida de las mujeres, justificaría el paso de una forma de organización a otra. En estos momentos iniciales, el concepto de Madre y de Tierra serían los elementos dominantes, pero no tardaría en imponerse lo masculino, asociado al sol.

Esta evolución hacia un sistema que primaría el dominio masculino sería la madurez de las sociedades, su etapa adulta y completa. El dominio de Apolo en la sociedad griega se vería complementado con la creación de un auténtico Estado civilizador, que Bachofen atribuía a los romanos. Consideraba inevitable esta evolución, como lo era el crecimiento en las personas, y lo veía como algo positivo, como una superación de estadios inferiores. No había, pues, una nostalgia por tiempos pasados, ni un aprecio de una sociedad menos violenta o jerarquizada[24]. No nos hemos librado de esa idea de la historia como una narración continua de progreso, lineal e inevitable, aunque pueda ir acompañada de pérdidas temporales, que se consideran significativamente «vueltas atrás» o «retrasos». Es una visión teleológica, con un final esperado, feliz y utópico.

Engels se encargaría de mezclar estas teorías con las visiones antropológicas que se estaban desarrollando en esa época (sobre todo las de Henry Morgan), así como con las aportaciones económicas y sociales de Marx, y creó una obra que resultaría fundamental, *El origen de la familia, la propiedad privada y el Estado*, publicada en 1884, que consolidaría la teoría del matriarcado primitivo. Esta se vería validada, en teoría, tanto por la citada antropología como por el materialismo histórico, que le daría una base más científica que las teorías iniciales de Bachofen. En realidad, como hemos dicho, ni una ni otra demostraban ni probaban la existencia del matriarcado, a menos que este se redujese de forma significativa a la constatación de sociedades en las que la desigualdad no era tan acentuada.

Hay que tener en cuenta que la base de la idea de matriarcado era en esencia religiosa, con mujeres especialmente conectadas con lo divino, una concepción sobrenatural de la maternidad y la fertilidad o la presencia de las grandes Diosas Madres. Sería en la religión, pues, donde más «vestigios» podrían observarse de estas formas organizativas primitivas[25]. El problema es que, precisamente, se tendió a buscar e interpretar estas fuentes y la cultura material basándose en el apriorismo del matriarcado ¿Figuras femeninas? Matriarcado ¿Parejas? La evolución del matriarcado ¿Figuras masculinas? La imposición del patriarcado. Ya Simone de Beauvoir había señalado el peligro de considerar estos mitos como un elemento de realidad cotidiana. Al fin y al cabo, los conceptos de la Diosa Madre o la Tierra divinizada son elementos ajenos y no implicaban, ni mucho menos, que los hombres consideraran a las mujeres reales y humanas como iguales.

Precisamente relacionado con esto cabe destacar que uno de los fallos principales que podemos advertir, a poco que nos paremos a

---

[24] Georgoudi (1991).
[25] Georgoudi (1991).

Figura 5. Este tipo de figurillas micénicas son conocidas como «figurilla en phi», por su forma, que recuerda a dicha letra griega. Está datada en torno al 1400-1300 a.C. y forma parte de ese conjunto de figurillas femeninas de la prehistoria europea que ha hecho pensar en diosas madres y que contribuyó a la idea del matriarcado, aunque no sepamos a ciencia cierta a qué responden.
Metropolitan Museum of Art, Nueva York

pensar, es el de atribuir una base automáticamente real a los mitos, sin mayor análisis de su significado social y su uso como justificadores de un orden comunitario. Es de una inocencia peligrosa, pues, en el fondo, se entronca con la lectura acrítica de las fuentes que tan común era en la época. Aunque se entendía la mitología como mitología, se presuponía un origen «real». Georgoudi, que escribió un capítulo para la conocida *Historia de las mujeres* dirigida por Georges Duby y Michelle Perrot, destacaba que se había creado la paradoja de que el conjunto de mitos que habían juntado en un solo relato había conformado, en realidad, otro relato mítico. Y así había surgido el mito del matriarcado.

Por tanto, al igual que pretendía hacer Bachofen en realidad, los mitos en los que se basa la idea de matriarcado y que refieren a un poder femenino primitivo pretendían justificar la subordinación de las mujeres en su propio presente. Por ejemplo, Atenas había creado un mito en el que la ciudad había votado quién sería el dios protector de la misma; las mujeres habían ganado por un solo voto. Poseidón, al ver que había perdido contra Atenea, apoyada por las mujeres, se había enfadado, y los atenienses les habrían quitado el voto como castigo. Así, este mito, en realidad, no se remitía a una pasada capacidad real de las mujeres para votar, sino a una justificación de su ausencia.

Al igual que ello, por mucho que el mito de las amazonas pueda tener una cierta base en los contactos con sociedades escitas y sármatas, donde las mujeres podían llegar a combatir, montaban a caballo y eran más libres que las griegas, la base real de estas historias se sitúa mucho más en la justificación del poder masculino en esas mismas sociedades griegas. De hecho, el cambio de representación de estas mujeres en el paso de la cerámica de figuras negras a la de figuras rojas –de ser mostradas como hoplitas, con todo su armamento en igualdad con los griegos o, como mucho, como tropas ligeras, a aparecer como escitas, con un armamento oriental, a caballo y con arcos– tiene más que ver con las Guerras Médicas, que enfrentaron a griegos y persas, que con el origen geográfico de las mismas. Las amazonas, de formar parte de mitos fundacionales, pasaron a representar a un enemigo oriental que, al igual que ellas, sería siempre derrotado, feminización mediante. Los mitos se adaptan y readaptan para responder a los problemas e inquietudes de cada sociedad en momentos determinados, y por ello es problemático un análisis que se limite al evemerismo (la teoría, creada por un tal Evémero en el siglo IV a.c., según la cual la figura de los dioses viene del engrandecimiento y mitificación de personajes reales, cuyo recuerdo se habría mezclado con la fantasía) o a una especie de «recuerdo fosilizado», obviando el contexto y las variaciones.

En palabras de Marvin Harris, de hecho, el de Bachofen es «uno de los esquemas más descabellados desde el punto de vista de la causalidad»[26]. Lo mismo dijeron muchos autores de la época, perfectamente conscientes de los fallos argumentales de la idea. En realidad, la teoría del matriarcado no tuvo demasiado éxito en su propio tiempo, mucho menos del que podríamos creer viendo la vigencia del concepto en la actualidad. Quizá, aun con la simplificación creada por Engels, la idea hubiera quedado flotando en el ambiente, pero en un ámbito más académico o marxista que popular, si no hubiera sido por la recuperación y resignificación del mito en los años setenta del siglo XX.

Autores como Lekatsas o Gould Davis, que publicó en 1971 la obra *The First Sex*, reavivaron enormemente el debate, aunque ya desde otra perspectiva, mucho más positiva respecto a ese periodo menos jerarquizado y más cercano a la naturaleza. Como en la carrera de la reina roja, tenía que cambiar todo para que no cambiase nada en absoluto. Para algunas investigadoras, como Marija Gimbutas, la idea de sociedades matriarcales encajaba especialmente bien con las aspiraciones feministas de la época, por lo que se produjo un proceso de reapropiación del matriarcado, desde la idea negativa de Bachofen a una especie de paraíso perdido de paz e igualdad[27]. Al fin y al cabo, la idea fundamental en todo este entramado de mitos y evoluciones era la mutabilidad de la jerarquización y el poder. Si las mujeres habían gobernado en algún momento, podían volver a hacerlo, y la discriminación que habían sufrido no era un universal basado de alguna forma en la biología.

Así, la sociedad matriarcal primitiva, desorganizada y terrible, en la que el dominio femenino habría sido un desastre ajeno a la civilización y la cultura, se convertía en una sociedad pacífica, solidaria, comunitaria y feliz. Según este esquema, los indoeuropeos,

---

[26] Harris (2005), p. 164.
[27] Martin (2006), pp. 128 ss.

asociados a los dorios, habrían destruido los restos de una sociedad igualitaria anterior y sustituido sus grandes Diosas Madre por dioses guerreros y violentos. El origen de toda desigualdad y violencia en una explicación fácil, rápida y bonita… ¿Quién querría algo más complicado?

Y ahí entró, de nuevo, la mística que ya habíamos visto habitando la Ilustración y el siglo XIX, de las mujeres conectadas con la emoción y la naturaleza, con la noche y la magia. Mujeres a las que se podían asociar palabras tan bonitas como fertilidad, maternidad y amor. Era muy tentador para un imaginario popular que quería creer en otro mundo posible, más allá de las guerras que habían asolado medio planeta y traumatizado a generaciones enteras, y para un feminismo emergente que ansiaba referentes, genealogías, relatos y lemas.

Pero las cosas siempre han sido más complicadas y no toda perspectiva de género se aplica siempre bien. Al menos, eso sí, terminamos estas épocas con un suelo fértil para el surgimiento de lo que ocupa este libro, la historia de las mujeres y de género. Empezábamos a encontrar griegas y romanas por doquier. Ahora quedaba preguntarse si eso era suficiente.

2. La historiografía se hace

Acababa el siglo XIX, ese largo siglo XIX del que hablaba Eric Hobsbawm, una época convulsa pero con cierta coherencia interna, había llegado la Primera Guerra Mundial y las cosas empezaban a cambiar. Con ellas, también la mirada sobre el pasado. Hasta ahora habíamos visto a Livia. Bueno, quizás habíamos visto a una Livia concreta, a la que luego se reflejaría en la serie *Yo, Claudio,* no la Livia que se había casado aún niña, que había tenido dos hijos, sufrido un exilio, pasado por un divorcio obligado, había tenido que casarse con el culpable de la muerte de su padre y sufrido un aborto o un parto que salió mal. Todo ello más o menos en torno a lo que nosotros consideramos la mayoría de edad. Pero, cuando Livia miraba a su alrededor, no veía solo a Octavia o a Antonia y a las demás mujeres de la casa imperial. Lo que veía era a las esclavas de la casa, que iban y venían atareadas. A la médica que se devanaba los sesos con un caso y a la secretaria que llevaba una carta para enviarla. Cuando salía, veía a las vendedoras en sus tiendas, a la niña que mendigaba alguna moneda. ¿Por qué no las vimos nosotros?

DE LA HISTORIA SOCIAL Y EL PRIMER PASO EN FALSO

Cuando se habla del origen de una historia que tuviera en cuenta a las mujeres, o de una historia propia de las mismas, o del concepto de historia de género, siempre se vuelve la mirada a los *Annales.* Pero en realidad no es tan sencillo. Quizá esto requiere algo más de aclaración y, sobre todo, una explicación de cómo algo tan aparentemente simple cómo la creación de una revista acabaría revolucionando toda la manera que teníamos de mirar la historia... pero no tanto la que se tenía sobre las mujeres

En 1929, dos historiadores muy comprometidos, Lucien Febvre y Marc Bloch, fundaron una publicación periódica. Primero se llamó *Annales d' Histoire Économique et Sociale*, luego *Annales d'Histoire Sociale* y más tarde *Mélanges d'Histoire Sociale*, para acabar siendo conocida simplemente por *Annales*, aunque con el subtítulo de *Économies, Sociétés, Civilizations*[1]. En torno a esta revista se conformaría lo que conocemos como Escuela de los *Annales*. No suena muy apasionante, ni muy novedoso, solo una revista más con artículos que solo se leerían en el círculo de investigadores cercanos, con un grupo de colegas montando sus cosas de historiadores serios. Sin embargo, las apariencias engañan.

Frente a una historia tradicional centrada, como hemos visto, en la política, los reyes y las guerras, la revista *Annales* pretendía dar valor y potenciar los estudios sociales y económicos, una historia más enfocada en el «hecho humano» y las dinámicas de larga duración. Los soldados cobraban vida, pero también los campesinos, se empezaban a mirar arados y cosechas, se tenía en cuenta qué pensaba la gente, cómo comía o sus miedos y resistencias. Tenía sentido en una época como la de entreguerras, convulsa en todos los sentidos, de cambios sociales profundos, una época de surgimiento o auge de nuevos movimientos de todos los colores y un profundo trauma generacional a causa de la Gran Guerra

Quizá debamos puntualizar que tampoco fue un movimiento único, sino que, tras estos «primeros *Annales*», vino una segunda etapa, la conocida como «segundos *Annales*», con una dirección nueva, centrada en la figura de Fernand Braudel, entre los años cincuenta y sesenta, y, más tarde, le seguirían unos terceros y cuartos *Annales*. La escuela y la revista se renovaban y los debates cambiaban al calor de nuevos tiempos. Porque, como hemos dicho, nuevas formas de mirar nuestras propias sociedades nos plantean nuevas preguntas sobre nuestro pasado. No vemos sino lo que queremos ver, no encontramos sino lo que buscamos.

También es un buen momento para recordar que, aunque nos centremos en autores y puntos de la historia que consideramos significativos, estos nunca vienen de la nada. La gente no se levanta

---

[1] Febvre (1970), p. 59.

un día con La Idea Revolucionaria, ni la historia cambia de la noche a la mañana. Por muchos «puntos de inflexión» que nos parezca ver, siempre hay un contexto más amplio, y nos conviene levantar la cabeza y mirar más allá de la línea de texto que tenemos enfrente. Precisamente en esto se insistió en los *Annales,* en que los árboles (*aka* personajes «famosos») muchas veces no nos dejan ver el bosque del proceso histórico.

Aprovechando la digresión, es el momento de recordar que, al igual que la historia de género, la historia social se nutrió, en general, de historiadores profundamente convencidos de su labor social y su papel en sus comunidades. Historiadores tan implicados con su propia historia que estaban dispuestos a dar la vida por ella. Marc Bloch murió fusilado por los nazis poco antes de acabar la guerra, tras haberse unido a la resistencia francesa y haber pasado un tiempo detenido por la Gestapo. Paradójicamente (o irónicamente) fue detenido un 8 de marzo. Una fecha para el recuerdo.

El caso es que, con este giro en los estudios históricos, surgieron nuevos intereses y campos de estudio. El interés por los datos en crudo y la demografía dio paso a la microhistoria, la historia de la infancia… y un crecimiento de la historia de las mujeres. Sin embargo, podríamos casi aplicar el efecto Mateo a este caso. Este hace referencia a la tendencia humana de atribuir cualquier logro, invento o descubrimiento al personaje famoso más cercano en su campo. El efecto Matilda, complementario del anterior y acuñado por la historiadora de la ciencia Margaret Rossiter, destaca el prejuicio añadido de atribuir cualquiera de esos hechos a un hombre. Hagamos un experimento en este punto y pensemos en qué se nos viene a la mente cuando pensamos en la invención del kevlar, la programación informática, las bases del wifi o los limpiaparabrisas. Como diría Virginia Woolf, anónimo es nombre de mujer, pero, podríamos añadir, incluso cuando conocemos los nombres de las inventoras y sus vidas, tendemos a pensar en personajes masculinos anónimos. En este caso, muchas veces se ha obviado la importancia que tuvo el feminismo en los nuevos intereses, igual que en la historia decolonial influyeron los movimientos políticos de independencia o los movimientos pro-LGTBIQ+ en la historia de la sexualidad. En parte, además de lo comentado, se ha debido también a un intento de «despolitizar» la historia, en el empeño de integrarse en las estructuras académicas. Así que ya sabéis, no solo de historia social vive el hombre.

Quizá otro buen ejemplo de que no todo en nuestro cambio de la forma de concebir la historia viene de los *Annales* es el de Jules Michelet (1789-1894), que también había sido un pionero en esto de prestar atención no solo a la mujer, sino a las emociones o la sexualidad como motores de la historia. Escribió sobre el amor, sobre la mujer, sobre la figura de la bruja o sobre las religiones... pero sin conseguir que perduraran sus ideas más que como algo exótico. En palabras de Lucien Febvre, al describir el método de la época, decía que «todo el mundo sabía que Michelet y la historia no tenían nada en común»[2]. Y eso lo decía un representante de nuestra siempre tan citada escuela. La Academia, así con mayúsculas, nunca se ha llevado bien con las transgresiones a la supuesta seriedad de la Historia, también con mayúsculas.

Además, aunque se suele situar en este momento el inicio de la historia de las mujeres y de género, en realidad el interés de estos historiadores en ese colectivo concreto oprimido y alejado de la historiografía positivista, militar y política fue bastante limitado. De hecho, la historiografía feminista y de las mujeres en general tuvo relativamente poco eco en esta publicación, incluso en años posteriores[3]. Es más, su interés por las propias historiadoras en el círculo de la revista fue también bastante limitado. Suzanne Febvre tuvo que dejar su carrera como investigadora para cuidar de su familia, y se reconoce poco su labor en el trabajo de su marido, que fue fundamental. Lo mismo pasó con Paule Braudel, cuyo nombre y trabajo quedaron ocultos por los de su marido. Tampoco la labor de Lucie Varga, una de las primeras mujeres en publicar en los *Annales*, fue tan reconocida y publicitada como la de sus compañeros varones ni tuvo facilidades para entrar en la universidad, por lo que debió trabajar de traductora. Quizá las cosas hubieran cambiado más adelante, pero murió trágicamente joven, en 1941, tras tener que huir de la invasión nazi de Francia, por los problemas derivados de su diabetes y la escasez de insulina.

El consejo de redacción de la revista también fue consistentemente masculino y pocas mujeres publicaron en el primer periodo

---

[2] Febvre (1970), p. 23.
[3] Morant (1995).

de la misma[4]. Era complicado que, en ese ambiente, floreciera la historia de las mujeres, por mucho que la historia social hubiera abierto nuevos caminos. Quizá esto debería hacernos reflexionar sobre cómo el compromiso social no significa siempre un compromiso con todas las opresiones y cómo las inercias más naturalizadas son las más complicadas de superar.

AHORA SÍ, UNA PRIMERA HISTORIA DE LAS MUJERES

Vamos a partir de que, en general, no fue una época fácil para las mujeres que querían desarrollar una carrera académica y, para las pocas que lo consiguieron, la necesidad de sentirse validadas obstaculizó que se dedicaran a temas que serían considerados «poco serios» o transgresores. Además, se da la paradoja de que estos temas no son aceptados hasta que un número suficiente de publicaciones y carreras los tuvieran como protagonistas. El ejemplo de Michelet seguía presente, así que era la pescadilla que se muerde la cola. Aun así, puede que precisamente la condición de *outsiders* de las historiadoras y, sobre todo, de las dedicadas a la historia de las mujeres favoreciera precisamente el dinamismo de la disciplina, su conexión con otras especialidades y la energía de los debates. Aunque una cosa no justificaba la otra, ni lo hace hoy cuando hablamos de otro tipo de temas considerados transgresores.

Pero ¿por qué una visión negativa sobre la historia de las mujeres aun cuando se empezaba a ampliar el concepto de sujeto histórico a la gente común? ¿Por qué resultaba escandaloso hablar de hetairas griegas o de taberneras romanas? ¿Por qué se trataba con paternalismo a quien quería estudiar a la nodriza de Odiseo, pero no a quien dedicaba páginas enteras a un párrafo sobre el héroe? Si tenemos en cuenta que las mujeres han sido la mitad de la población (aproximadamente), no debería presentar mayor problema. Aquí nos topamos con una realidad que, a veces, se ha obviado, la de la construcción de la mujer como alteridad. La norma se concibe en masculino, como la normalidad, de ahí que también lo sea la historia. No solo la historia de las mujeres se considera, entonces, como algo extraño y ajeno, sino también todo lo feminizado.

---

[4] Zemon Davis (2017).

Es más, para un gran sector de la población, la alteración del orden que suponía la visibilización del sistema que lo sostenía no podía verse de otra forma que como una amenaza. Lo naturalizado y asumido como fundamental es lo más difícil de ver y lo más complicado de asumir, y estudiarlo supone poner un foco de luz en el hecho de que igual eso tan natural no lo es, sino algo cultural y, como tal, mutable. No en vano, Joan Scott reconoció que el camino que tuvo que recorrer este campo de la historia resultó espinoso, ya que «fue difícil criticar la diferencia sexual y desafiar la autoridad de un hecho que en apariencia era natural y no una construcción social»[5]. También nos advierte de lo peligroso que es tirar de un supuesto «sentido común» o de los «evidentemente es así» o «siempre ha sido así» en el análisis histórico. En realidad, es peligroso en cualquier tipo de análisis. No debería de extrañarnos, puesto que es algo que puede apreciarse aún en los imaginarios colectivos, en las redes sociales o incluso en artículos periodísticos o de divulgación, donde se critica la historia de las mujeres como un intento de reescribir una historia en la que los hombres han hecho todo lo importante, como una forma de quitarles poder o visibilidad.

No en vano Simone de Beauvoir escandalizó al mundo al publicar, en 1949, su obra *El segundo sexo*, donde hablaba, justamente, de cómo la feminidad se había construido sobre la idea de un «otro», como un sexo subordinado, una alteridad radical. Las críticas, como era de esperar, no fueron buenas, aunque su volumen sorprendió a la propia autora. Se la acusó de indecencia o de atacar a los hombres. Pese a la fama actual, en su momento pasó del odio al olvido[6]. Es más, para sorpresa de la autora, su obra fue incluida por el Vaticano en el *Índice de Libros Prohibidos*[7]. Algo similar pasó con Cantarella (aunque sin la parte del olvido) respecto a sus libros sobre sexualidad en el mundo clásico, por los que se la acusó de escribir propaganda en vez de historia, de nuevo para asombro de la autora, que consideraba su obra como ajena a los debates contemporáneos sobre el tema[8].

---

[5] Scott (2008).
[6] Morant (1995).
[7] Martínez Bujanda y Richter (2002).
[8] Cantarella (1993).

Hay que tener en cuenta que, aunque *El segundo sexo* marcó un antes y un después en la historia de las mujeres, en principio no tenía esa intención, ni su autora era una historiadora sino una filósofa. De hecho, como hemos dicho, tardó bastante en ser considerada una obra fundamental dentro del campo de la historia de las mujeres y de género, o incluso dentro del feminismo[9]. Sin embargo, para explicar la situación subordinada de la mujer en la sociedad de su época dedicó toda una primera parte de la obra a realizar un recorrido histórico, que tituló «Hechos y mitos». En esa construcción de la subordinación asoma un concepto con fuerza, el de la alteridad. Beauvoir destaca que la feminidad no solo es algo social más que biológico, sino que tradicionalmente se había construido como una «otredad» frente a la masculinidad, que era considerada la norma y lo natural. La mujer era la gran Otra.

Eso significaba que definir a la mujer permitía también definir la identidad masculina en contraposición. En el mundo clásico es algo especialmente visible, precisamente por la fuerte jerarquización que existía. La virilidad o la virtud (*virtus*) se definían por la raíz *vir* (varón), mientras que lo «mujeril» (*muliebris*) era lo cobarde y débil. El peor insulto para un romano era feminizarlo, es decir, convertirlo en algo inferior y pasivo. Muchos de los insultos romanos van en ese sentido y era el componente principal del desprecio al *cinaedus*, el homosexual pasivo. Por el contrario, conceptos como el de *mulier virilis* del cristianismo requería que las mujeres renunciasen a su cuerpo. El mismo debate cristiano sobre la igualdad en el más allá entre todas las personas se consideraba posible solo por la inexistencia de un cuerpo físico que lastraría a las mujeres y debilitaría su alma.

Esa *mulier virilis* cristiana no podía ser valiente, decidida, asertiva o ascética por sí misma, tenía que ser definida por el canon masculino. Uno de los tópicos habituales sobre estas mujeres son las visiones de sí mismas como atletas, gladiadores o soldados, o que sus compañeros las definan como tal, sobre todo en el caso de las mártires, como, por ejemplo, en la *Pasión de Perpetua y Felicidad*. Como decía Amparo Pedregal, no es una construcción femenina sino masculina, una en que la mujer está caracterizada esencial y biológicamente por la *infirmitas sexus* (debilidad o inferioridad de las muje-

---

[9] Cid López (2009).

res), una en que, si la supera, no es una mujer fuerte sino un hombre. Por supuesto, esto solo era positivo cuando se admiraba a la mujer en particular; en caso contrario, si resultaba molesta a quien escribía o a su entorno social, la mujer masculina o virago solo era una aberración de la naturaleza. No había escapatoria posible al sistema.

Ahora bien, otro concepto, además del de alteridad, sería fundamental décadas después: el de la negación del determinismo biológico. Esto incluía la supuesta vocación femenina hacia la maternidad o que la heterosexualidad fuera la única orientación natural. La identidad femenina, en su conjunto, era una construcción social, tanto de forma histórica como particular, lo que Beauvoir condensó en la que quizá sea su frase más conocida y que ha ido adquiriendo una entidad propia más allá del libro y de su autora: no se nace mujer, sino que se llega a serlo[10]. Aún seguimos en este debate, más de medio siglo después.

Nos podría llegar a sorprender la reacción ante unos conceptos que parecen tan obvios si no fuera porque seguimos viviendo circunstancias similares en muchos casos. La reacción conservadora de ciertos grupos que pretenden un «retorno» a unos valores tradicionales de sumisión femenina solo puede ser violenta ante algo que consideran un ataque. Las acusaciones de indecencia o de que el mero hecho de estudiar la historia de las mujeres es un ataque a los hombres sigue presente. Si bien en la Academia se ha ido normalizando el campo de estudio, la divulgación y las redes siguen siendo entornos hostiles.

Aun así, cuando se empezó a mirar hacia las mujeres, la primera necesidad fue, justamente, la que se había iniciado en el siglo XIX, la de «añadir» mujeres a la historia. Una historia contributiva que rescatara nombres, aportaciones e historias de vida. Una historia que, si no era biográfica, revoloteaba en ese entorno. Ayudó a ello, durante los años sesenta, una mayor interacción con la antropología, así como el creciente interés en asuntos como la demografía y la familia, que volvieron complicado ignorar el papel de las mujeres por mucho más tiempo. Los movimientos sociales también fueron cambiando la mentalidad general y la de la Academia en particular, y el creciente número de historiadoras que trabajaban desde dentro de la misma también hizo de palanca.

---

[10] Beauvoir (2011), p. 371.

También cabe añadir otro factor importante en esta evolución, el acceso cada vez más consolidado de las mujeres a una «elite» universitaria e intelectual, que permitió crear redes de investigación y una dedicación completa[11]. No deberíamos subestimar nunca la potencia de la solidaridad investigadora y de las conexiones que permiten las instituciones, grupos de investigación, congresos, revistas y asociaciones. La historia no es un trabajo en solitario, por mucho que la imagen que pueda venir a la mente cuando se mencionan los términos *historia* o *historiador* sea la de Mommsen, con sus pelos alborotados, a solas en una inmensa biblioteca, siempre al borde del incendio por trabajar a altas horas de la noche con velas. O la de los intrépidos arqueólogos que excavaban en sitios exóticos, más parecidos a un Indiana Jones que tiene que enfrentarse a anquilosadas autoridades universitarias, que a los equipos reales que excavan por todo el mundo. Y esto también es imaginario colectivo, no solo uno que afecta a la población en general, sino también, en cierto modo, a las nuevas generaciones de historiadores, que tienen que sacudirse las presiones competitivas que se les imponen mediante la precariedad y la propia estructura de las instituciones de investigación.

Hay que decir que en España todos estos movimientos llegaron con algo de retraso por las circunstancias políticas, que, evidentemente, también afectaban al ámbito universitario. Hay que decir que no solo afectó al conservadurismo en las corrientes historiográficas y a una tendencia a que los profesores proviniesen de un grupo social e ideológico concreto, sino también a circunstancias como la de la tardía llegada a España de la especialidad de Historia Antigua. También hay que mencionar, en todo caso, la encomiable labor de algunos profesores por abrir el campo ideológico e introducir, muchas veces de forma clandestina, nuevas corrientes prohibidas por el régimen. La labor, por ejemplo, de Domingo Plácido en este sentido, que sufrió además las consecuencias de su compromiso social y ético, merece un recuerdo especial. De hecho, influyó en que dentro del Departamento de Historia Antigua de la Universidad Complutense hubiera una temprana aceptación de los temas de género, pese a que durante mucho tiempo no hubo una excesiva presencia de historiadoras. Así, la asistencia de este departa-

---

[11] Otero-González (2019).

mento a uno de los primeros congresos sobre la situación de la mujer en el mundo antiguo, celebrado en 1990 bajo el título «Roles sexuales. La mujer en la historia y la cultura» (y publicado en 1994), fue importante[12].

No solo eso, sino que su trabajo sobre la posición de la mujer griega en la sociedad se ha complementado con investigaciones sobre corporalidad, religión, identidades o el travestismo inciático en Grecia y sus implicaciones…, además de una gran labor, precisamente en la insistencia en la importancia de entender la historiografía y cómo se hace la historia. Su labor debería también ayudarnos a comprender cómo ninguna época es homogénea en sus ideas o sus valores, por mucho que, mirando atrás, nos lo pueda parecer.

Las asociaciones feministas y la historia de las mujeres empezaron a tener una mayor presencia pública y a proliferar a partir de mediados-finales de los setenta, coincidiendo con el final de la dictadura y la llegada de la democracia. Aun así, la historia de las mujeres tardaría en arraigar en nuestro país y, por ejemplo, la mayor asociación de Historia de las mujeres en España, la AEIHM (Asociación Española de Investigación de Historia de las Mujeres) se fundó en 1991, el mismo año que la AUDEM (Asociación Universitaria de Estudios de las Mujeres) y revistas como *Arenal* datan de 1994. Un año más tarde se publicaría el *Libro Blanco de los Estudios de las Mujeres en las Universidades Españolas,* aunque se llevaba trabajando en el proyecto desde 1990.

POR FIN ASOMAN LAS MUJERES CLÁSICAS

Aunque la historia de las mujeres empezó a asentarse en la historiografía, el mundo clásico no era un punto de interés principal, más allá de algunos casos particulares, frente a la potencia de las mujeres de época moderna o contemporánea. El punto de inflexión se suele situar, de hecho, en la obra de Sarah B. Pomeroy, quien, en 1973, escribió un artículo de revisión bibliográfica que supuso un impulso para los estudios de género en la Antigüedad[13]. Su obra más conocida, sin embargo, y la que realmente marcó este ámbito,

---

[12] Rodríguez Mampaso, Hidalgo Blanco y González Wagner (eds.) (1994).
[13] Pomeroy (1973).

es *Diosas, rameras, esposas y esclavas,* publicada en 1975, en la que desarrolló un amplísimo estudio bibliográfico y de fuentes que aún hoy es una referencia. Por primera vez una obra pretendía ser sistemática y general en este campo. Además, no solo se preocupaba de recuperar a las mujeres, sino que estudiaba su agencia o discriminación en distintos ámbitos, del político al religioso, y de las griegas homéricas hasta las romanas. No solo eso, sino que también hacía hincapié en cómo se había tratado la historia de las mujeres y las razones de ese amplio olvido.

El libro fue un éxito absoluto. En realidad, deberíamos hablar en presente de ese éxito, ya que se ha seguido vendiendo y reimprimiendo hasta nuestros días de forma continua, con una reedición con un nuevo prefacio veinte años después de su primera publicación. No solo tuvo buena acogida entre el público, sino también en el ámbito académico. De hecho, algunas críticas favorables vinieron de académicos que eran bastante tradicionales en su pensamiento y metodología, pero que comprendieron y reconocieron qué suponía esta obra dentro de la historia y la historiografía. La honradez, en algunas ocasiones, se impone. En parte, también hay que decirlo, la aceptación vino de que la aproximación feminista del libro y su conexión con el presente no eran explícitas, sino más bien sutiles, con lo que su «prudencia» podía ser alabada sin problemas frente a trabajos que podían ser considerados más radicales o «ideológicos»[14].

El artículo de Pomeroy de 1973, de hecho, se insertaba en un número especial de la revista *Arethusa* que se dedicó a la mujer en la Antigüedad y que venía de la publicación de una serie de trabajos que se habían expuesto en un congreso titulado igual «Women in Antiquity», que se llevó a cabo en la State University of New York, en Buffalo. El número cosechó un contundente éxito, tanto en citas como en el uso académico y de divulgación, para sorpresa de los organizadores, todo hay que decirlo. No solo eso, sino también en ventas, que superaron con creces las de los números anteriores. Los artículos abarcaban desde la figura de la mujer en Platón o el estudio de la consideración de la mujer en Grecia hasta temas como el aborto en la Antigüedad o las mujeres etruscas.

---

[14] Cf. McManus (1997).

Casi una década después, en 1984, se publicó *Women in the Ancient World: The Arethusa Papers*, que volvía a recoger algunos de los artículos del anterior, revisados, más otros trabajos nuevos. En su introducción, John Patrick Sullivan, que había dirigido ambas publicaciones, comentaba las diferencias. Una era la constatación de que la historia de las mujeres contaba ya con una legitimidad demostrada que, en sus palabras, nunca se debía haber exigido en realidad (pues ¿por qué iba a ser diferente de cualquier otro tema histórico?). La otra era el evidente avance en metodología y nivel de reflexión. Se había superado ya esa sensación de urgencia cuando quedaba todo por hacer y existía mucho más interés que investigaciones.

Vale, ahora sí que sí, después de mucho batallar, añadir nombres de mujeres a la historia y pelear por no hablar solo de reyes, empezábamos a ver a griegas y romanas. A algunas más que Livia o Aspasia; de hecho, mujeres más comunes, menos poderosas, pero igual de interesantes. También se iniciaban, por otro lado, otras visiones cargadas de prejuicios o romantización e idealismo, como la de las hetairas atenienses (prostitutas de lujo, que tenían pocos clientes y solían ser contratadas para los banquetes), a las que nos ha costado ver como esclavas y víctimas de violencia en vez de como mujeres sexualmente liberadas. Ahora bien, aunque hemos dicho que los movimientos sociales y una nueva conciencia fueron fundamentales para empezar a hablar de ellas, no todas las visiones compartían estas preocupaciones.

Algunos autores que trabajaron en historia social y de la vida cotidiana, y que incluyeron a las mujeres en sus obras, distaban mucho de preocuparse por sus derechos, por su historia *per se* o por deconstruir visiones tradicionales. De hecho, las abrazaron alegremente para defender esquemas históricos que nos han marcado mucho más de lo que querríamos reconocer. No todo iba a ser un camino de rosas en la historia social y de las mujeres, ni una ruptura automática y generalizada. Podríamos reflexionar también sobre cómo, sin querer, caemos en la historiografía en la misma sensación de relato de progreso en la que caemos cuando narramos la propia historia, una especie de camino hacia la luz, la felicidad y la perfección. Y no. En ninguno de los dos casos.

Ya mencionamos, por ejemplo, a Jerome Carcopino, un historiador ciertamente polémico más allá de su conservadurismo por su relación con el régimen nazi (en el extremo contrario al que hemos comentado de Bloch), que había decidido emprender, en los años treinta, un trabajo sobre la vida cotidiana en la historia. Sin embargo, su visión distaba bastante de la de los historiadores de los *Annales*, de quien era contemporáneo, y no solo por sus posiciones políticas, aunque quizá no sea complicado ver la relación. No solo veía en el «libertinaje» romano la causa de su caída y degradación, como ya dijimos, sino que uno de los apartados de su obra se tituló, específicamente, «Feminismo y amoralidad». Por supuesto, en su relato, las verdaderas romanas que valían la pena, las heroínas, eran aquellas alabadas por su abundante maternidad, su castidad y fidelidad conyugal. Esas que morían con sus maridos o defendiendo su honor.

Básicamente tomaba al pie de la letra el discurso moral romano y lo transmitía, con los mismos valores, una generación más, un siglo más. El sujeto histórico cambiaba respecto a los siglos anteriores, pero el discurso y la metodología seguían siendo iguales. Frente a las castas matronas republicanas, las mujeres degeneradas de finales de ese periodo y del imperio amenazaban la patria, la historia y a todo ser viviente en general. Eran mujeres «liberadas, o mejor, desenfrenadas», que no querían tener hijos y se preocupaban demasiado por su aspecto físico. Las mismas que caían sistemáticamente en el adulterio y que se regodeaban en el divorcio y la promiscuidad

Por supuesto, no solo de mujeres libertinas vivía Carcopino. También citaba como «síntomas de descomposición» «la propagación del virus que inoculó en la población libre el contacto con los esclavos» o «las supersticiones más groseras», además de, por supuesto, el debilitamiento del matrimonio con la aceptación de uniones como el concubinato. Quizá preocupa un poco como esta obra ha pasado a convertirse en un clásico sin que se alzara demasiado la voz contra conclusiones como que la descomposición nacional y social venía del «mestizaje con otras razas o clases sociales». No sorprende demasiado en el autor si tenemos en cuenta lo que hemos comentado del lado de la historia que eligió en la Segunda Guerra Mundial, pero sí de épocas posteriores. A veces no solo somos acríticos con las fuentes clásicas, sino que también obviamos las circunstancias, intereses, sesgos y contextos de los autores contemporáneos.

El caso es que, con sus más y sus menos, la labor de defensa de la historia de las mujeres fue teniendo éxito. Un triunfo que se plasmó en la institucionalización de la misma. Frente a las historiadoras que habían tenido que renunciar a su carrera o las burlas a quienes se dedicaban a lo cotidiano y lo femenino, las universidades fueron creando revistas, grupos de investigación y seminarios. Los congresos empezaron a asomar en el panorama investigador, así como las obras colectivas y generales, la verdadera prueba de madurez de un campo. Eso sí, a veces los títulos de unos y otros eran enormemente significativos.

En 1973 se imparte en Jussieu el curso denominado «Les femmes ont-elles une histoire?» («¿Tienen las mujeres una historia?»). Sí, de verdad se planteaban si las mujeres tenían historia. Al menos una historia que se pudiera narrar y ajustar a las convenciones de lo que consideraban como tal. Afortunadamente, parece que la respuesta fue positiva. Como si se cerrara un ciclo, una década más tarde, en Saint-Maximin, otro coloquio demostraba que la pregunta, al menos, había cambiado. El título «Une histoire des femmes est-elle possible?» («¿Es posible una historia de las mujeres?») seguía siendo, quizá, un poco infame desde nuestro punto de vista, pero al menos se daba por supuesto el campo en sí mismo.

En la actualidad, por el contrario, la pregunta consiste mucho más en cómo hacerla. Y las respuestas no siempre son fáciles. Por un lado, la historia contributiva fue fundamental, pero, por otro, Schmitt Pantel, en su aportación a la fundamental obra dirigida por Duby *Historia de las mujeres*, resumía en un par de frases el gran problema a resolver, al comentar cómo la primera etapa se dedicó a «las mujeres en la historia», pero hizo falta empezar a hacer «historia de las mujeres».

De repente se hizo evidente que la visión centrada en lo masculino de la historia tradicional y positivista no era el único problema, y que no bastaba con añadir, sino que las propias herramientas que se utilizaban se quedaban cortas. Muy cortas. Era necesario cambiar todo el marco conceptual. Lo que empezó con una revista tenía que seguir con toda una labor de demolición, reflexión y construcción nueva. Y de eso trataremos en el siguiente capítulo.

No todo eran facilidades

La pervivencia de ideas tradicionales no era el único problema para devolver a la vida y la historia a las mujeres en general y a las del mundo clásico en particular. Ya vimos que su acceso a la universidad y la investigación no fue fácil, pero, incluso cuando esto se normalizó, siguió habiendo problemas y discriminaciones que lastraron sus investigaciones. No podemos hablar de unas sin las otras, de las romanas sin las historiadoras. Un ejemplo significativo quizá sea el del cargo de presidencia de la American Philological Association, que es anual. Solo once mujeres lo ocuparon entre su origen, en el siglo XIX, y 1995. De ellas, siete nunca se casaron, algo normal en las mujeres académicas y científicas, que tenían que renunciar muchas veces a tener una vida familiar[15].

En 1985, el historiador Lawrence Stone se disponía a reseñar unos libros. Pero, antes de ponerse al lío, se sintió en la imperiosa necesidad de dar a las historiadoras un decálogo de cómo debía de hacerse la Historia de las mujeres. ¿Era su especialidad? No, pero aun así... ¿Era una sugerencia? Para él, tampoco. Así pues, procedió. El primer mandamiento era que nadie hiciera una historia de las mujeres si no era en relación con los hombres o los niños, pues no era un elemento aparte. Cabría preguntarse si había aplicado ese decálogo a otros ámbitos históricos o si a alguien le había parecido terrible hacer una historia militar, por ejemplo, sin una relación con los hombres. Seguía con una crítica al feminismo como manipulador, un recordatorio de que las mujeres sostenían su inferioridad, sobre no exagerar la importancia del género, no usar las biografías de «un puñado» de mujeres de clase alta para describir la experiencia de las mujeres...[16].

Alguien podría pensar, en este punto, que no es tan descabellado lo que proponía, pero sí resulta problemático. O, más bien, significativo. Lo primero, por lo que ya hemos señalado: hay elementos que jamás se habían pensado cuando la historia abarcaba campos considerados masculinos. ¿Alguien había meneado la cabeza cuando se hablaba de poder y monarquía, o de generales y bata-

---

[15] McManus (1997).
[16] Stone (1985).

llas?, ¿alguien había señalado que no debía de exagerarse la importancia del estatus sobre la identidad nacional o el género?

El segundo problema es el paternalismo que ha acompañado a las historiadoras a lo largo de mucho tiempo. La explicación, desde fuera, de cómo deben de realizar sus investigaciones y trabajo. Un año más tarde, en 1986, un investigador, Thomas Fleming, decidió hacer una reseña sobre varios libros referidos a las mujeres en la Antigüedad. No solo despreció el trabajo de sus compañeras y sus capacidades, sino que lo hizo desde el más absoluto desconocimiento de un campo en el que jamás había trabajado, y de unos métodos que no controlaba. Se ríe, por ejemplo, del análisis que hizo Pomeroy sobre la figura de Cleopatra y la propaganda vertida sobre ella, considerando dicho análisis ridículo. Es más, afirma que «el trato que da a Cleopatra VII hace que el lector se pregunte por qué Octavio no tuvo la sensatez de casarse con ella o, mejor aún, de entregarle su imperio. Cleopatra no era promiscua, sus amores eran asuntos de Estado. (Una prostituta tiene incluso mejores motivos para protestar por su virtud)». Por supuesto, a diferencia de su forma de ver la historia, que claramente consideraba como neutral y aséptica, calificaba la historia de las mujeres como «ideológica»[17].

De hecho, algunos de los debates internos del propio ámbito de la Historia de las mujeres y de género han versado precisamente sobre la importancia de evitar que ciertos académicos acabaran considerando este campo una «historia parcial» o que la ignorasen por completo. La historia de los hombres se ha considerado siempre una historia global, que afectaba a todos, pero no así la historia de las mujeres, con la que pocos hombres se han sentido identificados. Aquí alguien podría argumentar que nunca se hizo «historia de los hombres» hasta que llegó la historia de las masculinidades, pero, como hemos visto, la historia tradicional, la Historia con mayúsculas, no incluía precisamente a las mujeres.

En este punto quizá cabría un inciso para recordar cómo la autora Rebecca Solnit escribió una obra titulada *Los hombres me explican cosas*, cuya piedra de toque fue, precisamente que un hombre, en una fiesta, le explicara detalladamente uno de sus propios libros. Se acuñó en ese momento el término *mansplaining* para definir esa superioridad y condescendencia que se usa en muchas ocasiones

---

[17] Fleming (1986).

para explicar a una mujer algo, aunque sea su propio campo de experiencia. No es una crítica nueva. Ya Hartmann escribió sobre cómo, cuando el feminismo y la historia de las mujeres se había mezclado con el marxismo y el materialismo cultural, dichas corrientes habían tendido habían tendido a, simplemente, considerar las teorías y premisas del feminismo como una cierta exageración, un algo secundario en el movimiento, sin sentirse en la necesidad de asumir ningún cambio, las habían invisibilizado sin más. En uno de sus artículos decía que «el matrimonio entre el marxismo y el feminismo ha sido como el matrimonio de marido y mujer del derecho inglés: marxismo y feminismo son uno, y ese uno es el marxismo»[18].

Marilyn Skinner destacó en los años ochenta cómo lo que en el mundo anglosajón se conoce como «*classics*», es decir, el estudio del mundo antiguo (y que, a diferencia de nuestros programas universitarios, incluye la filología clásica), era uno de los ámbitos no solo más renuentes a los cambios que había traído la historia de las mujeres y de género, sino también más asociados a una sensación de superioridad intelectual y desapego de la realidad y el entorno social[19]. La tradicional vinculación de estos estudios con una elite intelectual, con una idea de cumbre de la historia europea y con el buen gusto en general, había creado una torre de marfil muy particular. La tendencia que se puso de moda hace poco en redes de preguntar a los hombres (en un masculino poco genérico) cuántas veces al día pensaban en el Imperio romano y descubrir que sorprendentemente muchas, se asocia, en parte, a este vínculo.

No solo se aplicaba a las mujeres, claro, que durante mucho tiempo fueron excluidas del estudio de la filología clásica porque, simplemente, se daba por supuesto que no eran capaces, ni interesaba que supieran latín o griego, o estudiaran el mundo clásico. También en cuestiones raciales tuvo su importancia. Si las imágenes que ilustraban el racismo científico solían dibujar a los blancos como esculturas griegas, el senador John C. Calhoun, en el siglo XIX, había llegado a decir que solo el día que conociera a un negro que supiera de sintaxis del griego clásico creería que los negros eran humanos. En un mundo en el que la historia de Grecia y Roma se

---

[18] Hartmann (1979).
[19] Skinner (1987).

usaba como segregador de quién era humano y quién no lo era del todo, un mundo en el que la herencia clásica les servía como espejo para justificar el esclavismo y el sexismo, con un grupo reducido de ciudadanos de alta moral oratoria, ¿cómo se iba a aceptar que se hablase de mujeres, extranjeros, pobres o niños?

Por cierto, no había acabado el siglo cuando no solo los niños negros accedían a escuelas y aprendían latín y griego, sino que un antiguo esclavo, William Sanders Scarborough, se convirtió en el primer académico del mundo clásico negro en Estados Unidos. No solo eso, sino que en 1881 publicó un libro de texto sobre gramática griega, *First Lessons in Greek (Primeras lecciones de griego)*, que se convirtió en una publicación educativa bastante popular y se reeditó hasta mediados del siglo siguiente. Cabe preguntarse si el senador Calhoun se hubiera comido sus palabras o hubiese decidido, simplemente, ignorarlo para continuar con sus prejuicios.

Estas dinámicas conservadoras tuvieron, en muchas ocasiones, un efecto en los debates académicos, en los que había que pelear por cada palmo de tierra conseguido para las mujeres. No pocos autores, por ejemplo, se negaron a reconocer la existencia, o minimizaron la importancia, de autoras clásicas como Safo o Sulpicia, de las médicas en esta época o posteriores, tanto en general como con casos como los de Trota o Metrodora, u obviaban la importancia política de muchas mujeres. Aun un artículo reciente, enfocado a la divulgación más institucional, dudaba de la profesión de una mujer emeritense, Julia Saturnina, denominada en su epígrafe funerario como *medica optima,* porque dudaba de la capacidad misma de las romanas para ser médicas, pese a la enorme cantidad de pruebas que existen. La califica como un «antecedente» de las comadronas, lo cual implícitamente también obviaba la existencia de las mismas[20].

Por un lado, la institucionalización progresiva de la historia de las mujeres y el acceso a plazas universitarias por parte de las historiadoras trajeron reconocimiento, posibilidad de dedicar carreras enteras a este campo de estudio y dinero para los proyectos. Sin embargo, precisamente por esas dinámicas de paternalismo, conservadurismo o desprecio, también creó inseguridades en las investigadoras, que se vieron presionadas para abandonar etiquetas como «feminista» o ser sutiles en torno a su compromiso con el dicho de

---

[20]   Sabio (2014); González Gutiérrez (2018).

Figura 6. Monumento funerario. Museo Nacional de Arte Romano, Mérida. En la Hispania romana hay varios ejemplos de *medicae*, una de ellas, en Mérida, de nombre Julia Saturnina, es definida como *medica optima* por su marido. También conservamos otras dos médicas, de origen indígena, de nombre Ambata. Fotografía de Patricia González.

que «toda historia es historia contemporánea». Aunque sabían que la historia tiene que tener un reflejo en el presente, muchas se esforzaron en mantener una imagen de neutralidad y seriedad. Una historia que había surgido con la conciencia de la necesidad de cambiar el mundo, se vestía con traje y chaqueta y mirada adusta para encajar en las instituciones.

Tampoco deberíamos de olvidar aquí qué problemas estructurales de la Academia en torno a los sesgos y discriminaciones de género han tenido consecuencias en este campo, eminentemente feminizado. Los problemas para conciliar han afectado especialmente a las investigadoras, tanto en sus ritmos como en el acceso a becas, plazas o financiación, y los llamados «techo de cristal» y «suelo pegajoso» aún son un problema[21]. Asimismo, cabría destacar que el tema de la conciliación sigue siendo investigado por mujeres, para mujeres y desde las mujeres, lo que nos plantea dónde siguen quedando los hombres en el asunto de la corresponsabilidad[22].

De hecho, como simple ejemplo, Sarah Pomeroy, en los años sesenta, perdió una plaza universitaria por quedarse embarazada. No solo tuvo que abandonar un tiempo la enseñanza, sino que acabó degradada en su carrera. Volvemos a lo que decíamos al inicio de este apartado sobre por qué muchas investigadoras han tenido que elegir entre familia y su desarrollo profesional. En un informe de la APA de 1973 no solo se constataba que las mujeres tenían menores salarios y ascendían menos, sino también que el 70% de ellas no se casaban, frente a solo el 14% de los hombres que tenían que renunciar a formar una familia. En parte porque también se constató que, mientras a ellos les favorecía el matrimonio, a ellas las perjudicaba.

Por cierto, en ese mismo informe se vio que menos del 7% de los artículos que se presentaban en su congreso anual eran de mujeres. Por si acaso, se convenció a los académicos para que se empezaran a evaluar las propuestas presentadas de forma anónima. Pese a las quejas sobre que nada cambiaría, el año siguiente la cifra pasó a un 13% y a un 20% en 1975. El sistema de revisiones anonimizadas tuvo que mantenerse[23].

---

[21] Llorens *et al.* (2021).
[22] Importante en este tema ha sido el libro Castañeda-Rentería (2019).
[23] McManus (1997), pp. 38 ss.

UNA ROMANA SE BALANCEABA SOBRE
LA TELA DE UNA ARAÑA

Desde casi el principio de la Historia de las mujeres hubo un elefante en la habitación con el mismo nombre que se daba a este nuevo campo. ¿Historia de la mujer? ¿Historia de las mujeres? ¿Historia feminista? Ya en el siglo XIX, dentro de un movimiento sufragista y abolicionista que podríamos ver como un protofeminismo, algunas voces discordantes, como la de Soujourner Truth, denunciaron que el concepto unitario de «mujer» excluía a muchos sectores, y criticaban duramente el discurso esencialista, racista y conservador de muchas de las sufragistas. Un concepto único de «mujer», como de «persona» o de «hombre», se construye siempre desde arriba y desde la norma, dejando fuera todo el resto de circunstancias. Esto tampoco ha sido algo ajeno a la historiografía, y el hecho de que, al hablar de griegas o romanas, lo que se hiciese fuera poner el foco en las clases altas urbanas –con alguna incursión puntual en el contramodelo en forma de prostituta– es algo que ya debería sonarnos.

En los años setenta se fue dejando de lado la «Historia de la mujer», como una construcción de un sujeto exclusivo, y se optó por el término de «Historia de las mujeres» como forma de visibilizar esa constelación de circunstancias, factores y vidas. En 1975, Pomeroy había dicho que ni las mujeres ni su historia podían ser tratadas como una masa indiferenciada[24]. Tampoco las fuentes podían ser interpretadas de forma unitaria ni leídas del mismo modo ni, mucho menos, de manera literal. Esto llevaba también a asumir que se tendría que lidiar con cierta inseguridad. Siempre habría debates y puntos de vista en los que no podría llegarse a una solución clara y segura. Suponía asimismo un cambio radical frente a otras formas de hacer historia.

Como apunte significativo, en España, en 1983, se creó el Instituto de la Mujer, que pasaría luego a cambiar su nombre a Instituto de las Mujeres (el que mantiene ahora mismo) dentro de esta misma línea de visibilizar la diversidad. Aun así, muchos de los organismos propios de las Comunidades Autónomas siguen usan-

---

[24] Pomeroy (1975), p. 60.

do el singular, con la excepción de Cataluña, que usa el plural, y de Galicia y Canarias, que usan la palabra *igualdad*.

El concepto de Historia feminista superaba esas contradicciones y reconocía una influencia fundamental en el desarrollo de la misma, así como un cambio de perspectiva. Sin embargo, se rechazó en muchos casos porque suponía una significación política que asustó un poco a algunas investigadoras, que intentaban insertarse en una Academia conservadora. No ha desaparecido, por otro lado, ya que sigue siendo un término importante y reivindicativo que se está recuperando en ciertos ámbitos, precisamente por el simbolismo.

También se acuñó en estos años, en parte como broma, en parte como activismo, el término de *Herstory* a partir de la variación *his/her* de los pronombres ingleses y la palabra *story*. No fue desconocimiento ni una falsa etimología, como se ha pretendido a veces, sino un juego de palabras totalmente consciente con una clara visión reivindicativa. Era hora de contar la historia de ellas, pero también de visibilizar los relatos y dejar de pensar en una Historia con mayúsculas, objetiva y ajena a la vida. No ha sido la única broma dentro de las organizaciones feministas; tenemos, por ejemplo, el grupo WITCH, que juega con el significado de bruja en inglés. Al final, estas chanzas reivindicativas no dejan de recordar al «si no puedo bailar, no es mi revolución», una deconstrucción también de la seriedad que se suele exigir para hablar de las «cosas importantes».

Pero hubo que esperar a finales de los años ochenta, con los feminismos negros y autoras como Kimberle Crenshaw, para que se configurara y popularizara el concepto de «interseccionalidad», en el que las diferentes situaciones, violencias y ejes de poder no se superponen de forma simple, sino que crean espacios y vivencias propias. Los conceptos de matriz, red o entramado, que han manejado autores como Patricia Hill Collins o Paco Vidarte, dan una idea gráfica muy aproximada de lo que suponen los cruces y nudos entre ejes de discriminación.

En algunos feminismos europeos, con sus marcos teóricos muy definidos, como el francés, su estudio e incorporación a los debates han sido aún más tardíos, pese a que anteriormente ya se tuvieran en cuenta ejes de discriminación ajenos al género. Tampoco ha estado exento de polémica, tanto por ser considerado a veces como un término «de moda», como por la forma en que se relacionan los diversos sistemas de opresión[25].

Ahora bien, más allá del debate y la creatividad entre los conceptos de Historia de la mujer, de las mujeres, Historia feminista o la *Herstory,* cuando se incorporaron conceptos nuevos, la terminología volvió a complicarse. Pero cómo el concepto de género lo cambió todo es algo que veremos en el próximo capítulo.

---

[25] Dunezat (2017).

3. Cómo se construyó a las romanas

Las mujeres del mundo clásico habían entrado en escena con fuerza y la historia se había ido llenando de mujeres, gracias a una historia contributiva. Los libros y las universidades quitaban el polvo a las páginas de la historia, que había tapado nombres y relatos, vidas y sueños. Sin embargo, por muchos congresos, seminarios e institucionalización que hubiera, surgió otra necesidad… precisamente relacionada con el por qué se habían olvidado esas historias.

Además, a mediados de los setenta en Estados Unidos, Joan Kelly-Gadol y Natalie Zemon Davis se plantearon que no bastaba con hacer historia de las mujeres de ese modo. En primer lugar, porque se corría el riesgo no solo de «guetizar» la misma, sino de que pudiera ser fácilmente ignorada por la historia tradicional y masculina, desarrollándose como ramas paralelas. Por otro lado, hacía falta cambiar la forma de ver la historia[1].

Al igual que, en la llamada Segunda Ola del feminismo, se observó que el sufragismo había peleado por la ley pero solo había conseguido la ley, y que eran necesarios cambios sociales más profundos para lograr una sociedad más igualitaria, quienes investigaban en historia de las mujeres también comprendieron que no bastaría jamás con trabajar dentro de los marcos teóricos anteriores. Para que realmente la historia tuviera en cuenta a las mujeres, no bastaba con añadirlas, como champiñones a un plato. Había que reformular la receta entera, cambiar la perspectiva. Había que aprender a mirar de otra forma. Y para mirar de otra forma, hacían falta nuevos conceptos y categorías.

---

[1] Rose (2010).

El mundo también había cambiado, algo especialmente percep-
tible tras las guerras mundiales. Los movimientos sociales flore-
cían, con una carga teórica enormemente revolucionaria. La guerra
de Vietnam, el mayo del 68, los movimientos antirracistas y deco-
loniales… muchos debates se estaban poniendo encima de la mesa
y, de repente, había mucho que cuestionar.

¿Qué es una romana? El concepto de género

En el ámbito histórico, como hemos dicho, se había contestado
la pregunta de si existían las romanas, y las griegas y las egipcias o las
íberas. Ahora se abría otro abanico de cuestiones, derivadas de la
comprobación de que, efectivamente, la historia no se componía
solo de hombres. Quizá una de las más básicas era qué era una
romana o una griega. De nuevo, la pregunta parece una tontería:
¿cómo vamos a tener dudas sobre qué significa eso? Pero resultó
que tampoco era tan sencillo. Y aquí entra una nueva categoría de
análisis, el género. Para un romano o un griego, las palabras *mulier*
o *gyné* no tenían las mismas connotaciones que para nosotros el
término *mujer*. Existe toda una construcción social que era necesario visibilizar y estudiar para romper con una idea de homogenei-
dad que viene dada por una teórica continuidad del término.

No iba a ser fácil, como recordaba Joan Scott, que consideraba
que era normal que el camino hubiera sido espinoso, ya que «fue
difícil criticar la diferencia sexual y desafiar la autoridad de un hecho que en apariencia era natural y no una construcción social»[2].
El propio concepto de género rompía con muchos esquemas que
habían sostenido la base misma de la sociedad y que se había consolidado, justamente, en época clásica. Asimismo, la idea de que
las palabras y las ideas tienen historia, como elementos culturales
que son, y que no siempre significan lo mismo también era algo
bastante transgresor.

Empecemos por el principio. El uso actual del concepto de «género» realmente empieza en 1968, con la publicación de *Sex and
Gender (Sexo y género)*, de Richard Stoller, y se consolida con Gayle Rubin, que empieza a hablar de un sistema sexo-género, es decir,

---

[2] Scott (2008).

una estructura en la que a lo biológico se «superpone» una serie de condicionantes, ideas y reglas culturales enfocadas a mantener un orden social concreto. Uno en el que las mujeres estaban supeditadas a los hombres. Ya veremos cómo esta idea de superposición acabaría resultando problemática y sería la base de críticas posteriores. Al final, la cuestión no es solo cómo la forma de vestir, hablar, las tareas asignadas o la división de espacios eran una cuestión cultural, y cómo podía variar de una comunidad a otra (aunque todas consideraran que su opción era la natural y biológica), sino que todas esas diferencias no eran inocentes. El género es un mecanismo de naturalización de una diferencia social, pero también justificaba una serie de jerarquías que se articulaban en torno a la que se concebía entre hombre y mujer.

Quizá conviene hacer un inciso aquí. Una de las bases ideológicas de esas diferencias en el mundo clásico es, precisamente, una asociación de pares al binario concebido en el género. Es decir, la mujer se asocia a la noche, la naturaleza o el frío, mientras que el hombre lo es al día, la civilización o el calor. Esto es algo que podemos ver desde la medicina hipocrática o de Aristóteles y Galeno hasta las ideas de complementariedad social o incluso en el latín erótico y las metáforas en torno a la reproducción[3]. Aristóteles, que luego es seguido por Galeno, habla, por ejemplo, de cómo solo lo masculino es activo en la reproducción y aporta la forma, mientras que la mujer sería solo materia pasiva, sometida a la acción de la semilla masculina. Como inciso, el lenguaje de la ciencia ha mantenido esta idea de pasividad y, con ello, concepciones esencializadoras sobre el sexo. Un buen ejemplo es la teoría expuesta por Patrick Geddes y Arthur Thompson en 1889 en su obra *The evolution of sex (La evolución del sexo)*, en la que consideraban que los procesos reproductivos, unidos a factores ambientales, podían crear organismos prevalentemente catabólicos (masculinos) o anabólicos (femeninos), y que, por esta diferencia celular, los primeros serían activos y los segundos, pasivos y vegetativos. Lo mismo pasa con el vocabulario en torno a la reproducción, donde los espermatozoides son activos, competitivos y rápidos, y los óvulos, pasivos y lentos. Que se haya demostrado el carácter colaborativo de los espermatozoides y activo del sistema de movimiento del óvulo por parte

---

[3] González Gutiérrez (2023).

del organismo no ha eliminado esa idea. Pensadlo bien la próxima vez que digáis u oigáis lo de «papá pone una semillita en mamá» y cómo siempre se ha considerado más literal que metafórico.

Así, a la pareja hombre-mujer se unen otras parejas binarias que se vinculan a lo masculino o femenino respectivamente. El hombre sería cálido, seco y activo; la mujer, fría, húmeda y pasiva. El hombre sería el día; la mujer, la noche. El hombre, la razón; la mujer, la emoción. El hombre, la cultura; la mujer, la naturaleza. Son pares que también están jerarquizados y que acaban siendo prácticamente indisolubles. La cultura debe domar a la naturaleza para que sea fértil, y, del mismo modo, el hombre domesticaría a la mujer a través del matrimonio (lo que también acababa justificando cosas como la precocidad de los mismos). La razón sería una condición necesaria para el gobierno, mientras que la emoción hace inútiles a las mujeres para ello, pero estupendas para el cuidado de la familia. Ártemis, diosa de los montes agrestes y la caza, también lo era de las muchachas sin casar, como una metáfora y un concepto indisoluble. Era peligrosa porque escapaba al control masculino como diosa cazadora y siempre virgen. Encontrarla en el campo no era un trance pacífico para los hombres, que podían acabar, si veían a la diosa desnuda, descuartizados por sus propios perros, como le pasó a Acteón. Sin embargo, la acción del hombre, fuera roturando el campo o casando a las muchachas, daba paso a la protección de diosas más benefactoras, como Hera o la Bona Dea, a la seguridad y la fertilidad. Eso sí, las mujeres siempre podían volver a descontrolarse o los campos a plagarse de fieras. Ártemis acechaba en todo momento y tenerla alejada era un esfuerzo constante y agotador.

Cuando se han dado reapropiaciones de esos pares, igual que con el matriarcado, por muy bonitos y místicos que suenen los resultados, con esa asociación a la noche, la naturaleza y la emoción, o por mucho que se recuerde, como en el feminismo de la diferencia francés, que igual esos conceptos, como los cuidados o la emoción, son positivos, lo que se hace es comprar el esquema completo. Y el esquema articula una diferencia esencializadora que perpetúa las diferencias sociales. No hay forma de reapropiarlo. No hay forma de que contribuya a analizar las bases de la desigualdad. Y deberíamos tener cuidado con eso.

En torno a este concepto de desigualdad, en 1987 Josine Blok y Peter Mason coordinaron la obra *Sexual Asymmetry: Studies in an-*

Figura 7. Jarra globular, atribuida al pintor de Ticio, *ca.* 520-510 a.C.
Metropolitan Museum of Art, Nueva York. Ártemis, o su paralelo etrusco Artumes,
es representada en esta jarra globular del siglo VI a.C. llevando un arco y junto a
una figura felina. A su lado, también con un arco y con un hacha,
estaría representado Apolo, su hermano. El arco de la diosa era también
el que causaba (o aliviaba) el dolor del parto.

cient society (Asimetría sexual: estudios sobre la sociedad del mundo antiguo)[4]. En ella se desgranaba la asimetría entre hombres y mujeres que marcaba las sociedades antiguas, y se destacaba su carácter estructural. La desigualdad no es solo una cuestión personal o que dependa de las capacidades o actitudes de cada persona, sino que atraviesa y permea la identidad colectiva. Por un lado, destacaba la culturalidad y variedad de métodos en torno a esta disimetría; por otro, había una conexión con el presente. De nuevo puede parecernos sorprendente que tuviera que destacarse, en un momento dado, que la desigualdad no es natural y que las divisiones sociales implicaban a grupos en posiciones de poder y grupos sometidos. Pero hasta que las cosas no se dicen por primera vez, hasta que no se crea un vocabulario y se explicitan, pueden pasar desapercibidas.

Un punto de inflexión para el desarrollo del concepto de género fue el artículo de 1986 de Joan Scott, que terminó de asentar y extender su uso en el mundo académico. En ese texto comentaba cómo el término no solo se había usado para destacar la culturalidad o para hacer hincapié en la necesidad de estudio de las relaciones entre los diversos géneros, sino también con la consciencia de la necesidad de un cambio teórico. Aun así, este cambio ha venido mucho más de los análisis procedentes de los estudios sociales y feministas que de la historia más tradicional. Años más tarde volvería sobre el tema, con un segundo artículo en el que se preguntaba si aún era un concepto válido y sobre su evolución, aunque con aclaraciones sobre lo erróneo de volver al biologicismo puro y duro para definir el sexo en contraposición al género. En estos artículos, la autora defendía cómo el género, en Occidente, había servido como base para la expresión del poder, para legitimarlo y performarlo[5].

El género, pues, como concepto, es una categoría de análisis «útil» (como diría Joan Scott) para percibir las estructuras sociales que se organizan en torno a una percepción de la diferencia sexual. Es un marco teórico que nos permite ver las dinámicas de poder, las

---

[4] Blok y Mason (1987).
[5] Scott (1986) y (2010). Aunque la palabra *performar* aún no está aceptada por la RAE, no es una mera adaptación del inglés, sino un concepto sociológico que indica la actuación continua e interiorizada de una serie de normas, ideas y rituales que apuntalan un cierto sistema. La idea de performatividad, que Judith Butler aplicó, por ejemplo, al género, implica una configuración de nuestras acciones que no siempre tiene por qué ser consciente.

ideas en torno a la corporalidad… y, sobre todo, es útil para analizar cómo esas estructuras varían de una sociedad a otra y de un siglo a otro. Lo que antes se había atribuido simplemente a «la naturaleza», permitiendo no cuestionar las bases de categorías, roles e identidades, ahora adquiría otras connotaciones. Todo esto implica que el género no solo funciona como categoría de análisis, sino que hay concebirlo, en sí mismo, como un proceso histórico[6]. Por tanto, no es algo inmutable e imposible de cambiar, sino que ya lo ha hecho a lo largo de la historia. Puede parecer algo muy simple, pero ha sido complejo cuando muchos procesos de jerarquización social se han basado, precisamente, en un supuesto orden natural.

Además, el concepto nace de la necesidad de no hacer solo una historia de las mujeres, sino de entender cómo se insertaban en sus sociedades y cómo sus sociedades las construían… así como al resto de géneros. Joan Scott destacó la importancia de este punto ante la reacción de muchos historiadores tradicionales, que se sentían justificados para considerar que la historia de las mujeres era algo «aparte» de la historia de los hombres (la que siempre había sido la Buena y Verdadera Historia), o que su estudio no aportaba nada a la comprensión de los procesos y hechos históricos[7].

A partir de ahí se han ido matizando diferentes aspectos del género, diferenciando, por ejemplo, entre identidad de género (en qué categorías te sitúas o te sitúan), roles de género (qué comportamiento se espera de las personas situadas en un género concreto), expresión de género (cómo se muestra al mundo ese género)…, además de las orientaciones sexuales.

Nicole Loraux, por ejemplo, ha estudiado con esta perspectiva los mitos griegos en torno a la autoctonía ateniense. La tendencia a crear una mitología en torno a personas nacidas de la tierra o de dioses hombres es significativa en torno a la reapropiación de la maternidad por parte del grupo dominante. Tanto en su obra *Les enfants d'Athéna (Los hijos de Atenas)* como en *Né de la terre (Nacido de la tierra),* desarrolla cómo el concepto mismo de identidad ateniense hace un desesperado intento por desvincularse de lo femenino, tanto en su vínculo con la tierra como con los distintos sistemas políticos. Así, los atenienses nacerían, física y simbólica-

---

6 Boydston (2008).
7 Scott (1986) y Zemon Davis (1976), p. 90.

mente, de elementos ajenos a las mujeres atenienses, cuya labor de reproducción sería solo accidental.

No solo eso, sino que las atenienses tenían también que aprender, a lo largo de su vida, mitos que unían a su fundador, Teseo, con la lucha contra las amazonas, la captura y el matrimonio-rapto con una de ellas y su domesticación, convirtiéndola en una mujer sumisa. Podemos suponer que no era un panorama agradable. Frente a ello, además, los mitos de partenogénesis (reproducción sin intervención masculina) acababan siempre en desastre. Atenea habría nacido de la cabeza de Zeus, perfecta y armada, como diosa de la guerra y la sabiduría, pero Hefesto, nacido en muchas leyendas solo de Hera, habría nacido feo y deforme, lo que habría conllevado la vergüenza de su madre y el ser arrojado del Olimpo. Curiosamente, Erictonio, el antepasado mítico de los atenienses, habría nacido de la tierra y el semen de Hefesto, que Atenea se habría limpiado de la pierna tras ser acosado por él. En estas historias se hilan muchos aspectos de la asociación entre belleza o fealdad y moralidad, corporalidad y la idea de que solo lo masculino era realmente fértil. No era algo exclusivamente religioso y, para Aristóteles, lo masculino proporcionaba la forma en la reproducción, mientras que lo femenino era solo materia.

Hay que tener en cuenta que todo esto no significa que, en el binomio sexo-género, el sexo sea algo aséptico y ajeno a la cultura, como podría deducirse de una interpretación simple del sistema. El concepto de género nace, de hecho, como un rechazo explícito al determinismo biológico, que no deberíamos olvidar. No solo se desconstruyen los esencialismos en torno a lo femenino y masculino, sino en torno a los propios conceptos de hombre y mujer, que no son tan sencillos de definir.

En realidad, tampoco griegos y romanos lo tenían tan claro y, dentro de las propias fuentes clásicas, sean mitológicas, médicas, históricas o legales, encontramos casos de transiciones de género, intersexualidad, espacios ajenos al género… Los sacerdotes de Cibeles, mediante una castración ritual, por ejemplo, trascendían el género y abandonaban la categoría de «hombre», pero no se adherían a la de «mujer». Algunos autores nos hablan de casos en que perdieron herencias o cargos mediante la artimaña, por parte de sus contrincantes, de afirmar que la ley solo permitía heredar a hombres o mujeres, o exigía la masculinidad para ocuparlos[8]. También tenemos fuentes médicas o relatos de mujeres que desarrollaban un pene y cuya transición se admitía sin mayores problemas, o de genitalidades ambiguas e identidades fluidas[9]. En este sentido, Plinio nos habla de Aresconte/Arescusa, Flegón de Tralles de Aiteto o Diodoro de Herais y Kallo. Más allá de la realidad o no de todos los casos, y de lo obviamente mitológico de algunos, la cuestión importante está en comprender el imaginario antiguo sobre este tema, que permitía una cierta variación y reconocía las transgresiones. No todo era tan simple como hubieran querido.

Quizá uno de los problemas de la categoría más tradicional del género es precisamente la hipersimplificación de esa división biológico-social en vez de la precaución en torno a las categorías que se consideran científicas. Ni la ciencia es ajena a la sociedad y valores de quienes la desarrollan, ni el cuerpo es ajeno al desarrollo social. Donna Haraway hablaba del «conocimiento situado», es decir, la necesidad de tener en cuenta el contexto social y cultural de los investigadores y científicos, que condicionan sus prejuicios, valores, formas de pensar e ideas preconcebidas.

Quizá, en realidad, no es culpa de la categoría, sino de la «domesticación» de la misma o de las inercias que ha ido adquiriendo a lo largo de los años, y que han hecho que pase de ser sumamente subversiva a una aceptación suave. Se ha ido usando como sinónimo de «mujeres» o como una mera transmisión del binarismo hombre/mujer en una matriz, además, normativamente heterosexual. Precisamente Joan Scott ha trabajado de forma continua en mantener esa capacidad crítica y de deconstrucción del género, aunque, a veces, ha reflexionado sobre volver a usar la categoría de «sexo» para dejar clara la culturalidad de la misma[10].

Ya en los años ochenta reflexionaba sobre cómo, en muchos trabajos, la sustitución del término *mujer* en los títulos se usaba para dar una apariencia más seria y neutral, y no realmente para describir un trabajo analítico. Una especie de eufemismo para separarse del, en teoría, subversivo y estridente feminismo, en una

---

[8] Valerio Máximo, *Hechos y dichos memorables*, VII, 7; Luciano, *El eunuco…*
[9] Diodoro Sículo, *Biblioteca histórica*, XXXII, 10; Plinio el Viejo, *Historia natural*, VII, 3; Hipócrates, *Epidemias*, 6, 8, 32…
[10] Krylova (2016); Otero-González (2019).

búsqueda de validación académica[11]. Es algo que sigue pasando, y parece que la historia de las mujeres y de género continúa estando en un continuo bucle de autojustificación, en que hay que probar hasta el último detalle, mientras que los mismos hechos se dan por supuestos en la historia de los hombres; en que hay que demostrar un nivel de rigor, metodología y seriedad que no se exige en otros campos. Aún hoy, una pregunta habitual es para qué sirve o por qué es importante, pregunta que pocas veces se hace a autores que trabajan sobre temas de historia militar o política. ¿Cuántas veces hemos visto preguntar a alguien que publica un nuevo trabajo sobre Trajano por qué es importante conocer a Trajano hoy?

Se han planteado otras críticas al concepto. O, más bien, a su uso, como es el de una falsa universalización. Si bien la idea de género precisamente debería incidir en la variabilidad de las construcciones, roles e importancia de los mismos, se ha tendido a generalizar desde la construcción occidental. Aunque no podemos asegurar que haya sociedades sin género o en las que este no tenga ninguna importancia, como a veces se ha interpretado de las obras de Oyèrónké Oyewùmí sobre los yoruba, sí podemos decir que nuestro concepto de género (o de nuestro género, más bien) no es universalmente aplicable. En algunas ocasiones, como destacaba la autora, el género no es el eje principal de jerarquización, sino otros, como la edad. Otros autores han incidido en esta preocupación, como Barry S. Hewlette e Ifi Amadiume, que han destacado lo mismo para distintas áreas de África, y Afsaneh Najmabadi para el análisis del género en Irán[12].

No podemos asumir que siempre y en todas las sociedades el género será el principio organizador básico y principal; tampoco podemos dar por supuesta, como hemos dicho, la binariedad del mismo. Al igual que asumir un significado monolítico de «mujer» en una sociedad, obviando la diversidad de situaciones, es un error, también lo es el presuponer que el término tiene el mismo significado en todas las culturas y comunidades. Asimismo, hay que tener en cuenta cómo la colonización ha tenido un efecto homogeneizador en el mundo, que puede llevar a falsos universales. No quedan sociedades «prehistóricas» ni «sociedades de la Edad del Hierro» ni «anti-

---

[11] Scott (1986).
[12] Boydston (2008), pp. 558-583.

guas», ni nunca, en realidad, lo fueron. Siempre es un error tener un concepto lineal de la historia, pero más aún en estos aspectos.

En el caso del mundo clásico debemos tener muy en cuenta la interacción género/estatus. Aunque sean sociedades enormemente patriarcales en las que el propio imaginario colectivo se binariza en torno a una idea dicotómica del género, el estatus social era básico para la propia identidad. Una romana o una griega se sentirían mucho más identificadas con un hombre de su misma posición que con una esclava, por mucho que podamos encontrar «chispazos» de solidaridad entre ellas. No podemos analizar ni construir una historia de género y de las mujeres en la Antigüedad sin tener en cuenta estas intersecciones.

Otro punto importante, que se nos ha olvidado históricamente, es que TODOS los géneros se construyen socialmente. Cuando Simón de Beauvoir hablaba de la Otra, de la alteridad, y destacaba que la masculinidad se había considerado como la norma universal, al final incidía en el mismo punto: tanto las normas como las alteridades son constructos, sin que uno sea más natural que otro. Las maneras de performar la masculinidad, además, afectan a otros campos, como la política o la guerra. El uso en la política griega y romana, por ejemplo, de las acusaciones de pasividad y feminidad dirigidas contra los enemigos políticos son continuas y no se limitaban a un inofensivo insulto, sino que podían acabar afectando legalmente a los derechos políticos de los acusados, como podemos ver en el discurso *Contra Timarco* de Esquines. La importancia del honor en estas sociedades, sobre todo la romana, como elemento constitutivo y esencial del *vir* afectaba a las reacciones ante los ataques, fueran bélicos, físicos o políticos.

Así, la historia de género ha abarcado también el estudio de las masculinidades, y obras como la de Karen Bassi *Acting like Men (Haciendo de hombres)*[13] permiten un mejor análisis de las fuentes y de las relaciones de género, superando los prejuicios que presentan a los hombres como el «género neutro» o normalizado. El estudio de la desnudez, el vestido, el travestismo, la escena y las distintas clases de masculinidades posibles resulta básico para los análisis sobre la construcción del género. Lo mismo sucede con la obra coordinada por Lin Foxhall y John Salmon, *When Men were*

---

13 Bassi (1998).

Men (Cuando los hombres eran hombres)[14], en la que la experiencia del cuerpo, la diferenciación sexual o la reproducción dejan de ser algo asociado solo a los estudios sobre las mujeres. Relacionado con ello se hacía necesario también analizar más profundamente otros conceptos vinculados a la masculinidad que se habían dado por supuestos, como el de la *virtus* romana o la *areté* griega (ambas se han traducido habitualmente como virtud, pero con implicaciones de masculinidad y militarismo), cómo se entrelazaban conceptos militares y éticos que definían la masculinidad ideal, que no era (ni es) tan monolítica como podría parecer, y cómo variaban con el tiempo. No solo eso, sino que analizar cómo se concebía la *virtus* o la *areté* nos permite no solo ver cómo funcionaban las relaciones entre géneros, sino también intragénero. El hombre se define como tal respecto a la gran Otra, como diría Beauvoir, pero también respecto a otros considerados inferiores, como los esclavos, extranjeros o niños[15]. En el fondo, comprender cómo se construye culturalmente la masculinidad nos ayuda a ver cómo el binomio hombre-masculinidad no es automático y la ansiedad que puede provocar en quienes necesitan ser definidos bajo ambos términos para mantener una posición de poder.

No convendría olvidar que, además de las críticas anteriores, ha habido otras menos académicas. Ancladas en una ideología conservadora, niegan en sí mismo la validez del concepto, achacando a la biología y la naturaleza toda la división sexual, tanto corporal como social. Ya en 1996, justo después de la IV Conferencia de Beijing sobre la mujer, un subcomité del Senado de los Estados Unidos escuchó cómo congresistas conservadores representantes de grupos de extrema derecha presentaban sus quejas sobre cómo el concepto de género ponía en peligro la familia tradicional y, con ello, todo el orden social[16]. La combinación de una idea de mutabilidad de los roles de género y de la posible aceptación de orientaciones sexuales no heterosexuales aterraba a ciertos sectores, y algunos países aclararon que, en caso de aceptar el uso de dicho término, sería solo como sustituto o eufemismo de los de *hombre* o *mujer*. El Vaticano también planteó numerosas objeciones tanto al

---

[14] Foxhall y Salmon (eds.) (1998).
[15] McDonnell (2006).
[16] Scott (2010).

término como al reconocimiento de las distintas orientaciones, muchas veces sin llegar a distinguir bien entre ambos conceptos[17]. Sin embargo, pese a los problemas para su adaptación y traducción, a las críticas, a la oposición conservadora o a los debates en torno al mismo, es un concepto que está asentado historiográficamente y que nos permite entender de otra forma las relaciones sociales.

PODER, TRABAJO Y GÉNERO, ¿UNA RELACIÓN PROBLEMÁTICA?

Tanto griegos como romanos concebían a las mujeres como seres vulnerables y domésticos. Jenofonte, en el *Económico*, ya hablaba de cómo los dioses y la naturaleza, en su infinita sabiduría, habían hecho a la mujer más blanda y emocional para que fuera mejor en la crianza y los cuidados, mientras que el hombre, más duro, se encargaría de todo lo que hubiera que hacer fuera del hogar. Los romanos definían a la mujer ideal, en sus epitafios y mitos, como *lanifica* (que trabajaba la lana), *casta* y *domiseda*, es decir, casera. La mujer debía salir de casa lo menos posible y, si lo hacía, ir tapada y acompañada.

Es más, para los romanos marzo era el mes de la guerra y las mujeres, en el que se igualaba el deber de morir por Roma en el campo de batalla o en la silla de parto. Las mujeres tenían que alimentar la máquina del Estado con nuevos hijos, criarlos y asegurar una reproducción física y social de un orden protegido en las guerras y en las asambleas.

Por ello los historiadores crearon la denominada «teoría de las esferas», que estudiaba las sociedades dando por buena la división ideal que griegos y romanos construyeron para las suyas. Si era el ideal, debía tener un reflejo en la realidad. Fue una división útil para analizar cuestiones en torno a la ideología. Cómo se concebía el espacio femenino, por ejemplo, o cómo esa domesticidad se trasladaba a una vestimenta que seguía «encerrando» a las mujeres cuando no estaban en sus casas y que se consideraba, precisamente, un elemento de prestigio. Pero también se ha destacado que, en realidad, tenemos que tener en cuenta que todo esto es un castillo de naipes.

---

[17] United States House of Representatives (1995).

Figura 8. El mosaico del *oecus* de la villa romana de La Olmeda representa la escena de Aquiles descubierto, tras haberse disfrazado de mujer para evitar la guerra. Las mujeres aparecen juntas y tejiendo, una actividad considerada típicamente femenina. Las imágenes de los gineceos distorsionaron la visión de lo que era la vida cotidiana de las mujeres griegas y romanas. Fotografía de Patricia González.

Las mujeres podían estar, idealmente, recluidas, pero la realidad cotidiana dictaba que la mayoría de ellas tenían que trabajar y que esa segregación respondía más a una aspiración del siglo XIX que a la cotidianidad de la mayoría de mujeres griegas y romanas. Tampoco los gineceos (zonas de la casa de segregación femenina) se encontraron, como tal, cuando se han ido excavando espacios domésticos en Grecia y, mucho menos, en Roma. Al contrario, las mujeres han ido apareciendo en los espacios públicos ocupando todos los trabajos que no les estuvieran prohibidos, como la abogacía, las magistraturas o el ejército. No solo se han encontrado vendedoras o peluqueras, oficios que nos cuesta menos asimilar a lo femenino, sino también herreras, alfareras, secretarias, copistas o médicas, trabajos considerados tradicionalmente masculinos.

En este punto cabe hacer un inciso sobre la importancia del debate de los gineceos en la historiografía más tradicional, más allá del que ya vimos a lo largo del siglo XIX. Al final, la alternativa entre unas mujeres libres o un modelo oriental de reclusión que se asociaba al harén no había variado con la llegada del siglo XX, y todo seguía girando en un eterno tópico de conflicto con Oriente. Las mujeres romanas o las griegas anteriores a lo que se consideraba como la «invasión doria» serían las realmente occidentales, frente al modelo ateniense, que no solo sería importado sino anómalo[18]. Ahora bien, ciertos elementos anticipaban movimientos aún más oscuros, en los que lo oriental y bárbaro había pasado a ser lo semita, frente a la luminosidad de lo europeo y lo ario.

En ocasiones, los argumentos usados eran realmente explícitos en torno a qué había realmente detrás, como con el volumen dedicado a las romanas en la colección *Women in All Ages and in All Countries (Mujeres de todos los tiempos y países)*. Fue escrito por Alfred Brittain a principios del siglo XX, que, sobre este tema, afirmó que «tanto los griegos como los romanos pertenecían a la misma rama de la gran raza aria, y las indicaciones apuntan a que, en los primeros tiempos, sus mujeres disfrutaban de igual libertad; pero Grecia, hasta cierto punto, cayó bajo la influencia de ideas semitas, que veían en la mujer una posesión voluptuosa que había

---

[18] Sobre todo esto cf. McManus (1997).

Figura 9. La propia idea de gineceo ha sido muy discutida, ya que, aunque sean escenas muy representadas como ejemplo de virtud y matrimonio en la cerámica griega, no hay evidencia arqueológica y, en caso de existir como tal, quedaba muy restringido a ciertos estratos sociales. En este caso, esta cerámica se atribuye al pintor Chrysi y se data en torno al 420 a.C. Metropolitan Museum of Art, Nueva York.

que vigilar celosamente. Por otra parte, a la mujer romana se la enseñaba a valorar y proteger su propia virtud»[19].

Tampoco el sexismo ayudó en esta discusión. En 1971, Donald Ritcher volvió a recuperar el antiguo debate entre quienes defendían la reclusión femenina, los *seclusionists*, y quienes afirmaban que las fuentes que hablaban de la misma reflejaban más un ideal que una realidad. Pese a insistir en que las fuentes griegas estaban sesgadas por la misoginia y que los historiadores no podían fiarse de la literalidad de lo que contaban, cae justo en ese tópico y, así, tiene algunas frases gloriosas en el artículo, como «Las mujeres griegas eran tan volubles que los hombres les recordaban con frecuencia que el "silencio es la gloria de la mujer"» o «En vista del

---

[19] Brittain (1907).

Figura 10. Esta lápida (Museo Nacional de Arte Romano, Mérida) es de Sentia Amarantis, una tabernera romana de la ciudad de Emerita Augusta, la actual Mérida. Durante mucho tiempo se invisibilizó el trabajo femenino, pese a que aparece en las fuentes, la epigrafía o la arqueología. Fotografía de Patricia González.

libertinaje que caracterizaba a las mujeres atenienses, las perennes sospechas del marido tal vez estaban plenamente justificadas»[20].

Todavía quedaban años para que tesis como la de Irene Cisneros para el mundo griego o la de Silvia Medina para la Hispania romana, en 2019 y 2012 respectivamente, mostraran la variedad de oficios y negocios de las mujeres del mundo clásico. Eran el resultado de un gran trabajo colectivo para desenterrar su presencia en las distintas profesiones. Para ello no solo había hecho falta revisar las fuentes, sino también rastrear la epigrafía, que ha resultado ser una excelente fuente para estos temas, y la arqueología. Aunque el ideal de mujer fuera el doméstico, muchas familias eligieron, orgullosas, dejar constancia del oficio de las difuntas o enterrarlas con un ajuar propio de sus profesiones, revelando una moralidad popular que difería de la de las elites.

---

[20] Richter (1971).

La vida cotidiana asoma también entre los resquicios de un mundo desaparecido para traernos imágenes que no imaginaríamos. Los papiros egipcios de época ptolemaica y romana, por ejemplo, nos hablan de contratos de aprendices por los que las familias mandaban a sus hijas a estudiar en talleres ajenos, o de las diferencias en la agencia social que había entre las mujeres de tradición egipcia y las de tradición griega, en temas como la tutela o la capacidad de actuar socialmente, o de mujeres gestionando talleres e impuestos.

También nos cuentan historias sorprendentes. Por ejemplo, la de un rico y respetado senador de Hermópolis que asesinó por celos a la joven prostituta que frecuentaba. Lo sorprendente no es esto, sino que su madre, Theodora, se atrevió a llevar al senador a los tribunales y el juez, de nombre Zephyrus, no solo lo condenó a pagar a la anciana un décimo de sus bienes (que ya era mucho), sino que, en su enfado, se dirigió a él afirmando que era una vergüenza para la ciudad y el consejo por atacar a una persona que sumaba todas las vulnerabilidades, el ser mujer, el ser prostituta y el ser pobre. Esto también debería hacernos pensar sobre cómo las sociedades son diversas en sus éticas y acercamientos al modo en que debería funcionar el mundo, sobre todo antes de gritar presentismo ante cualquier reflexión sobre la desigualdad en sociedades antiguas.

El estudio de los papiros y la epigrafía también han sacado a la luz datos que parecen contradecir ciertos tópicos sobre lo que consideramos trabajo femenino o masculino, y cómo, en ocasiones, hay más de prejuicio que de comprobación arqueológica. Por ejemplo, en Egipto, los papiros que se refieren a la actividad textil, normalmente considerada como femenina, arrojan más nombres masculinos de lo que podríamos pensar. Al contrario, la epigrafía romana nos indica que la labor en las *fullonicae* (lavanderías), que se había considerado masculina por su dureza, se cuaja de nombres femeninos[21].

La dureza de las labores no parece ser un impedimento para el trabajo femenino; es más, en ocasiones ha sido más una excusa para alejarlas de ciertas ocupaciones –que, aunque duros, eran lucrativos, como el de la mina– que una preocupación real. Quizá deberíamos recordar que, para cuando la primera asturiana consi-

---

[21] González Gutiérrez (2021).

guió legalmente que la admitieran como minera, ya en los años noventa del siglo XX, muchas antes habían bajado clandestinamente con la identidad de sus maridos incapacitados o muertos, sin que esto hubiera planteado un problema en el trabajo.

Ahora bien, de nuevo, detengámonos un segundo, que, en ocasiones, cuando hilamos una idea con otra, los matices se nos escapan. Cerrad los ojos e imaginad una ciudad romana, de esas que salen en el cine de *peplum* o en una serie contemporánea. Imaginad las tiendas y las calles: ¿cuántas mujeres os imagináis trabajando el metal en una fragua?, ¿cuántas supervisando un taller de alfarería mientras los esclavos trabajan?, ¿cuántos gritarían «inclusión forzada» en una imagen con todas esas mujeres? El imaginario colectivo resulta complicado de cambiar y no basta con que la Academia avance en sus estudios sobre profesiones en femenino o la ocupación del espacio público por parte de la mujer. Pero ya volveremos sobre ello.

El otro gran debate, relacionado con este, es el de la sumisión frente al ejercicio del poder. Los primeros trabajos sobre historia de las mujeres destacaban la opresión histórica de las mismas y su situación de desventaja social. De hecho, el origen del patriarcado ha sido un ámbito enormemente debatido y en el que las diversas teorías han creado un abanico de opciones, aunque, lamentablemente, tenemos que asumir que jamás comprenderemos todos los matices de la creación de una desigualdad que, para cuando pudimos leer sobre ella, estaba plenamente conformada. Almudena Hernando hablaba de una diferencia entre la primacía de una identidad individual en los hombres frente a una identidad relacional, que hacía recaer la cohesión y el mantenimiento emocional en el grupo sobre las mujeres. Gayle Rubin, en cambio, teorizaba sobre un tráfico de mujeres como elemento de exogamia (la práctica de contraer matrimonio fuera del grupo o familia extensa), que configuraría una asimetría en el poder y en la autoridad dentro del grupo familiar. Gerda Lerner o Bourdieu destacaron también la necesaria colaboración de las mujeres en esta sumisión y la creación de todo un imaginario simbólico que se encargara de perpetuar (y convencer al grupo oprimido) el sistema de desigualdad.

En el caso del mundo clásico, la desigualdad ya estaba asentada, pero precisamente tan asentada que se daba por supuesta. Aun así, sus justificaciones podían rastrearse en los diversos campos sociales, desde el derecho hasta la medicina. No solo eso, sino que incluso podemos hablar de misoginia propiamente dicha, más allá de la mera justificación de un orden social que situaba a las mujeres por debajo. En esta línea, mientras que los varones ciudadanos se definían como la quintaesencia de lo humano frente a mujeres, esclavos o extranjeros, las mujeres eran consideradas un peligro. En este momento se suele citar a Semónides de Amorgos, con su poema sobre las clases de mujeres. La única buena (y excepcional) sería la mujer abeja, siempre trabajadora y callada. Por el contrario, la mayoría serían desagradables y peligrosas, como las mujeres-cerda, sucias y gordas; las yeguas, orgullosas y vanidosas; las perras, cotillas y malvadas; las comadrejas, ninfómanas y ladronas, o las mujeres-mar, siempre volubles e imprevisibles. En este poema se califica a las mujeres, además de como un dolor, como un invento de Zeus, en la línea de considerarlas como algo artificial, como Pandora, que, según Hesíodo, da lugar a una raza aparte y no natural.

Autoras como Mercedes Madrid o Ana Iriarte han dedicado amplias obras a estudiar cómo se desarrolló esta misoginia o sus componentes sociales, políticos y religiosos. La primera, además, recuerda la asociación, muchas veces perversa, que ha querido hacerse entre misoginia y homosexualidad, sobre todo en el ámbito griego, como si las relaciones entre hombres se debieran, única y exclusivamente, a un odio o desprecio a lo femenino, y lo problemático de este tipo de asociaciones simplistas y simplificadoras. Asimismo, la misoginia, más o menos explícita, nos permite ver más claramente no solo cómo se justificaba la inferioridad femenina, sino a qué ámbitos afectaba y cómo podía resistirse ese modelo. Ana Iriarte ya trató este tema en su obra *De amazonas a ciudadanos. Pretexto ginecocrático y patriarcado en la Grecia antigua,* pero, además, estudia la complicada relación entre géneros en *Entre Ares y Afrodita: violencia del erotismo y erótica de la violencia en la Grecia Antigua*, donde va desgranando la relación entre guerra, deseo y corporalidad en el ámbito heleno.

Sin embargo, también surgieron toda una serie de estudios en torno a la agencia femenina, tanto social como política, más allá de las biografías de reinas y emperatrices. Es decir, aun dentro de un marco desigual, las mujeres no se conformaban con los ideales de domesticidad que se les imponían, e intentaron influir en sus propias sociedades a través de todos los medios y estrategias que pudie-

Figura 11. El evergetismo femenino fue enormemente importante en el mundo clásico, aunque también fue invisibilizado. Conservamos dedicatorias en teatros, templos y otros edificios públicos, y recientemente se ha comenzado un estudio más sistemático de la importancia política de estas acciones. En la foto, un templo emeritense, dedicado por Vettilla a Marte, fue reutilizado en la basílica de Santa Eulalia. Fotografías de Patricia González.

ron idear o reapropiarse. Un buen ejemplo de ello es el evergetismo femenino. Ese palabro, que no encontraréis en la RAE (como tantas otras cosas), hace referencia a la redistribución de riqueza que hacen los miembros más ricos de una sociedad para ganar prestigio, desde la construcción de edificios públicos hasta pagar los impuestos de una ciudad, desde costear estatuas y adornos hasta pagar banquetes y repartos de comida entre el pueblo. Para este fenómeno se ha acuñado el concepto de «matronazgo» frente al de patronazgo, para visibilizar una serie de estrategias destinadas no solo a ganar prestigio, como en el caso de los hombres, sino también a suplir una serie de vetos y prohibiciones en el ámbito de la política.

De nuevo detengámonos un momento, como hemos hecho al pensar en los espacios públicos, y volvamos a ese escenario. ¿Cuántas veces habéis mirado un objeto en un museo o un edificio de esos de «imprescindibles turísticos» y os habéis planteado qué manos lo habían hecho o quién lo había sufragado? Normalmente, por inercia, se tiende a pensar en hombres. Sin embargo, esa flecha o ese fresco que asoman en el museo puede que los hicieran mujeres. Como hemos dicho antes, tenemos documentadas armeras y pintoras en el Imperio romano. Al igual que ello, el teatro, el puente o el edificio que admiráis, puede que lo financiara una mujer. Es más, puede que los ladrillos también los hiciera una mujer y que la fábrica perteneciera a otra. Parte del poder de las mujeres de la casa imperial de la dinastía Ulpio Aelia venía de un cuasimonopolio de las *figlinae* (alfares), en las que abundaban las trabajadoras.

Profesoras como Cándida Martínez o Henar Gallego conformaron, en Granada, un grupo de investigación y un proyecto titulado «Género y arquitectura en la sociedad romana antigua. Matronazgo cívico en las provincias occidentales», algunos de cuyos resultados pueden verse en la obra *Constructoras de ciudad. Mujeres y arquitectura en el occidente romano*. Efectivamente, constataron cómo las mujeres del mundo clásico contribuyeron significativamente a crear ese paisaje que hoy asociamos con la masculinidad. Eumaquia en Pompeya financió uno de los edificios más grandes del foro y Sempronia Arganta hizo lo propio en Segóbriga. Metilia Donata, que, además, era médica, dedicó otro en Lyon. Voconia Avita financió un acueducto y Annia Victorina unas termas. Annia Aelia Restituta un teatro. Y así hasta cuatrocientos testimonios más por todo el Imperio.

Todo este despliegue constructivo se acompañó de la presencia de estatuas en los lugares públicos más importantes, muchas veces en unión a sus familiares o esposos. Una visión tradicional ha visto en todo ello un uso masculino de sus parientes femeninos. Sin embargo, quizá convenga empezar a pensar en que eran las propias mujeres las que ejercían el poder a través de sus hijos o allegados. Tenían, al fin y al cabo, capacidad de decisión. El caso de Junia Rustica, en Cartima (actual Cártama), es particular, porque no solo ejerció el flaminado (el sacerdocio de culto imperial) a perpetuidad, sino que pagó la restauración de parte del foro, el terreno de las termas, una piscina y unas estatuas de Marte y Cupido. Y no se quedó ahí, sino que pagó los impuestos anuales que la ciudad debía a Roma. Por todo ello, la ciudad le concedió una estatua a ella y su hijo, a lo que Junia Rustica añadió una a su marido y el pago de un banquete para la ciudad. No resulta demasiado probable que todo ese gasto, de su bolsillo, fuera una mera instrumentalización, sino más bien el resultado de una serie de estrategias familiares en las que tuviera una voz importante.

De hecho, las menos acaudaladas también querían participar en la política local, y los grafitos con propaganda política son igualmente realizados por mujeres, como nos muestran los muros de Pompeya. Estas no solo pedían el voto para unos u otros, y actuaban en favor del candidato de su elección, aunque no pudieran votar, sino que también usaban sus negocios como escaparate para ello. En estos casos, nos resulta aún más complicado negar la agencia femenina, cuando nos viene en primera persona del singular, con voz propia.

El poder no solo se ejercía en solitario, y autoras como Rosa María Cid López han estudiado el poder colectivo de las mujeres. En ocasiones podemos adivinarlo por los procesos represivos que desencadenaron, como el de las bacanales, que se adornó con historias de mujeres lascivas en festividades nocturnas que acababan con asesinatos y tortura de niños y hombres. Poco creíble, pero las fuentes romanas, como ya sabemos, no se caracterizaron por la moderación en sus críticas ni por la falta de fantasía. Este episodio, que acabó con tantas mujeres ejecutadas, ha sido poco estudiado, en realidad, desde una perspectiva de solidaridad femenina y, de nuevo, en muchos casos la historiografía se ha limitado a reproducir el hecho o analizar las consecuencias para la liberta delatora, a la que se permitió, como premio, el matrimonio con su amante de clase alta.

En otros casos, los encontramos en forma de manifestaciones y reuniones abiertamente políticas, como en la derogación de la Lex Oppia (que prohibía a las mujeres llevar vestidos ricos, más de cierta cantidad de oro o carruajes, y que estuvo vigente del 215 al 195 a.C.), cuando las mujeres se arremolinaron en el foro para forzar la abolición de una norma suntuaria que les afectaba solo a ellas. Triunfaron, no sin un cierto pánico por parte de los senadores a la posibilidad de la solidaridad femenina. Los discursos que nos han llegado a través de las fuentes, aunque evidentemente reconstruidos y en parte inventados, son muy significativos respecto a las contradicciones internas de la sociedad romana en torno a la condición social de la mujer. Por un lado, la conciencia sobre que había una diferencia legal y que los hombres legislaban en su propio beneficio; por otro, el miedo a que eso tuviera consecuencias si se rompía el dique y, por otro, la necesidad de no perjudicar en exceso a las propias familiares y esposas.

Un campo a caballo entre la individualidad y la colectividad podemos encontrarlo en la religión. El papel de las vestales como elementos políticos (no en vano fueron las que consiguieron que César volviera del exilio, y fue una vestal la que defendió a Mesalina), el poder de las flamínicas (las sacerdotisas romanas más habituales) como autoridades locales o la posibilidad de que los sacerdocios conformaran una especie de *cursus honorum* o escalera para el ascenso social en Atenas han hecho correr ríos de tinta. Griegas y romanas desempeñaban un papel a la vez central y marginal en la religión cívica del mundo clásico. Por un lado, se veían excluidas de algunas fiestas o repartos de comida en los sacrificios (los animales no solían quemarse por completo, sino que formaban parte de los banquetes asociados), pero, por otro, desempeñaban un papel crucial en las rogativas y en las festividades asociadas a la purificación o la fertilidad. Asimismo, pese a que los sacrificios sangrientos, por su propio carácter violento, parecían una última frontera para las mujeres, cada vez más investigaciones las están sacando a la luz no solo dirigiendo estos sacrificios, sino incluso actuando físicamente como sacrificadoras, como Critonia Philema, una *popa de insula,* es decir, la que se encargaba de los sacrificios (o, al menos, la ayudante del sacrificador) en su bloque de edificios.

El poco interés que ha suscitado tradicionalmente este tema también ha dificultado un análisis social, por ejemplo, de las prácticas marginales o de los tópicos en torno a la religiosidad femenina, las supersticiones o los elementos considerados negativos, como los monstruos femeninos. Un mayor interés nos ha permitido ver cómo, por ejemplo, las brujas son un elemento recurrente en los textos clásicos, pero las tablillas de defixión (maldición) nos presentan a agentes (fueran clientes o hicieran ellos esas tablillas mágicas) principalmente masculinos, con víctimas fundamentalmente femeninas. En los últimos, años algunos estudios, como el de Kimberly Stratton, han incidido en este tipo de prácticas y personajes, mucho más conocidos en épocas posteriores, como es el caso de la caza de brujas, que, por cierto, pese al imaginario colectivo en torno a la misma, es algo mucho más moderno que medieval[22].

De hecho, cuando Jean Gagé publicó en 1963 su obra *Matronalia. Essai sur les devotions et les organisations cultuelles des femmes dans l'ancienne Rome (Matronalia. Ensayo sobre las devociones y las organizaciones cultuales de las mujeres en la Roma antigua)*, no fue excesivamente bien recibida y despertó más sorpresa que admiración, pese a que suponía una monografía novedosa. Se le acusó de interpretar o deducir demasiado, algo francamente curioso tratándose de Historia Antigua, en la que, por las mismas condiciones de conservación de las fuentes y materiales, la especulación y el debate son inherentes a la disciplina. Una reseña de la época ya concluía diciendo que consideraba que el libro era un testimonio del «ingenio» del autor y que no convencería a todo el mundo, además de definir la obra como un «haz de hipótesis»[23].

En el caso de la religión, de nuevo, el estudio de la iconografía y la epigrafía ha sido fundamental para sacar a la luz realidades que parecían no solo ocultas, sino negadas por las fuentes, que se muestran, otra vez, más pegadas a lo que a los autores les gustaría que fuera la realidad que a la cotidianidad romana. No solo eso, sino que la visión historiográfica que las apartaba del espacio público influyó en no buscar algo que implicaba, precisamente, una enorme proyección pública, como sucedía con la religión, por lo que,

---

22 Stratton (2007).
23 Dulière Cécile (1963).

como mucho y durante décadas, hubo estudios parciales y puntuales. Algunas de las obras fundamentales sobre religión romana en general, de hecho, solo mencionaban a las mujeres de forma muy transversal o unidas a la credulidad y los momentos más emocionales. Mercedes Oria Segura destaca cómo, en realidad, en esto no ha cambiado tanto el panorama y, en muchos casos, las mujeres siguen siendo tratadas como un elemento aparte o menor en las obras generales sobre religión griega o romana, o apenas aparecen más allá del estudio de las deidades femeninas[24].

También el debate entre opresión-agencia ha sido fértil en torno al papel de las mujeres en el cristianismo primitivo. Una tradición historiográfica muy marcada por una cultura cristiana se asentó en el tópico de la nueva religión como un espacio de nueva libertad y dignidad para las mujeres, obviando que su importante papel financiador y sustentador de iglesias domésticas se debía a una posición ya consolidada de independencia económica en el Imperio romano. Frente a la autoridad de las mártires y madres del desierto se alza el intento continuo por controlar a las mujeres y sus cuerpos, además de una misoginia que las hacía culpables de la caída del hombre, más visible en los autores más radicales, como Tertuliano. De hecho, la centralidad de la sexualidad o, más bien, su ausencia como seña identitaria del cristianismo centró el foco de atención en las mujeres como tentadoras, el pecado original asociado a las relaciones sexuales y una nueva valoración de la virginidad o la viudedad. Autoras como Uta Ranke-Heinemann o Amparo Pedregal estudiaron esta mezcla de género, cristianismo y sexualidad. Esta última destacaba cómo la actitud de las mártires subvertía no solo el orden social y político sino también el patriarcal, con mujeres (algunas de ellas esclavas) que alzaban la voz y no podían ser calladas por los hombres, a los que vencían en oratoria y valor, y la destrucción de sus cuerpos como única solución por parte del poder las cargaba no solo de razón sino de autoridad. El concepto de la *mulier virilis*, que ya comentamos, supone, sin embargo, un modelo femenino que la sociedad masculina se reapropia y reconfigura dentro del *statu quo*. No solo se convierte en «la excepción que confirma la regla», sino que apuntala esa naturaleza inferior de la mujer y su cuerpo en su misma definición. Por la propia necesi-

---

[24] Oria Segura (2017).

dad del concepto de eliminar la feminidad, no es un elemento transgresor, sino que sostiene el sistema. Así, mientras que las mujeres podían definirse como iguales a los hombres, la sociedad, al final, usó esos ejemplos no como elemento que demostrara la capacidad y valor de sus miembros femeninos, sino como reproche a todo el resto de mujeres. En cambio, nadie exigía a los hombres una heroica muerte martirial para demostrar su valía.

Hablar como mujer: Sociolingüística y género

Cicerón comentaba, en su tratado *Acerca del orador*, que las mujeres hablaban de una forma mucho más conservadora y correcta que los hombres, también de una forma más simple. Era consciente de que no había un elemento natural que justificase esa diferencia, sino que probablemente se debía, teorizaba, a la ausencia de una educación en retórica y oratoria[25]. Los autores también se burlaban de las mujeres cultas que hablaban con corrección y un amplio vocabulario, o que eran capaces de conversar sobre las sutilezas del idioma. El insulto de Quevedo al denominar a algunas mujeres como «cultas latiniparlas» ya existía en el mundo romano en boca de los poetas satíricos. La combinación de discriminación social, dificultad en el acceso a la cultura y necesidad de buscar canales alternativos de autoridad siempre ha influido en la forma de hablar, aunque tardamos en darnos cuenta de ello.

En los años setenta del siglo pasado surgió una nueva disciplina, la Sociolingüística, que podríamos entender como un análisis del lenguaje vinculado a la sociedad o, más bien, en sociedad. En este sentido, el género fue un componente importante de estos análisis, incidiendo en los componentes de poder que podían percibirse y estudiando qué escapaba a esas estrategias, creando otras más allá de los límites de la subordinación.

La obra que suele considerarse un punto de inflexión en la relación entre lenguaje y género se la debemos a Robin Lakoff. En realidad, son dos obras, con un artículo sobre mujer y lenguaje en 1973 y su famoso libro *Language and Woman's Place (El lenguaje y el lugar de la mujer)*, de 1975. En ellos, la autora destaca cómo

---

[25] Cicerón, *Acerca del orador*, III, 45.

Figura 12. Estatuilla en terracota, fines siglo V-principios del siglo IV a.C.
Metropolitan Museum of Art, Nueva York. Esta figurilla representa a un actor
con un traje de mujer. El teatro nos ayuda a comprender el lenguaje femenino,
pero, sobre todo, cómo la mirada masculina percibía y actuaba sobre
ese lenguaje femenino.

los roles e identidades de género se crean y se ven reforzados por una serie de diferencias en la forma de hablar de hombres y mujeres. El mayor uso de preguntas de validación (como las *question tag* inglesas), la renuencia a dar órdenes, más empleo de diminutivos o el veto de los insultos y palabras malsonantes marcarían un lenguaje femenino claramente diferenciable del de los hombres. Es más, todo ello se complementa, por ejemplo, con la diferencia de significados en parejas de palabras (hombre público, mujer pública; zorro, zorra; perro, perra…) o con la condescendencia con la variedad de lenguaje en ciertos campos considerados irrelevantes. Un buen ejemplo es la moda o los colores, donde la masculinidad se precia de desconocer las variaciones o, incluso, de ser incapaz de verlas.

Este nuevo campo de estudio abrió un horizonte en el mundo clásico a la hora de analizar los textos literarios, tanto en el contenido como en la forma. La posibilidad de investigar qué nos decían las obras más allá del mero discurso evidente, en su propia forma de expresar los giros y mecanismos, resultaba tentador, aunque distaba de ser fácil en un mundo en el que la mayoría de textos habían pasado por la mirada y el filtro masculinos.

Laura McLure, en su obra *Spoken like a woman (Hablado como una mujer)*, trata precisamente de cómo el género requiere (y requería) toda una serie de marcas en el lenguaje. Uno de los personajes de las *Tesmoforiantes*, de Aristófanes, cuando se disfraza de mujer, también tiene que ajustar su voz, tono y forma de hablar, y Clitemnestra es descrita normalmente hablando como un hombre. Asimismo, hay aspectos del discurso público aceptables incluso para las mujeres, como la oración o el lamento funerario, y otros que rompen la paz social y, por tanto, se feminizan, como el chisme. Este, sin embargo, también tiene una función social de control sobre otros miembros de la comunidad, mediante el reproche y la vergüenza.

Así, la educación social o enculturación en una forma de hablar concreta y una serie de tonos o silencios determinados forma parte de una educación en el género, en que se configura lo socialmente aceptable en otros ámbitos. La mujer tiene que ser sumisa y, por tanto, también callada y dulce; no puede ser una parte activa de la sociedad y la política, por lo que se valora el silencio, y no puede hablar como un orador. Las transgresiones a las maneras adecuadas de hablar son también una transgresión al resto de aspectos del género. No nos resulta complicado pensar en una voz aguda o suave como parte del concepto de «pluma» o en una voz femenina grave como algo «confuso». Igualmente, el lenguaje mismo se carga de moralidad y de juicios de valor. Mientras los hombres hablan o realizan discursos, o narran historias, las mujeres chismorrean, como hemos dicho… a menos que los hombres conspiren. Esto, además, feminiza a quienes se salen de la norma moral. Del mismo modo, se asociaban las intrigas políticas a la presencia de prostitutas, como pasa con las reuniones de Catilina o el episodio de las bacanales, también sitúa estas acciones en el ámbito de lo femenino, por mucho que las realicen hombres.

El estudio del teatro ha permitido considerar también cómo la ciudad se reproduce socialmente a sí misma. Esto se conseguía mediante la repetición de los mismos tópicos y relatos que reafirmaban una identidad común y una forma de entender el mundo y las relaciones entre hombres y mujeres. No solo eso, sino que los personajes teatrales permitían crear modelos y contramodelos, pero también conflictos entre distintas moralidades, como pasa con la obra de Antígona. Karen Bassi, con *Acting like Men: Gender, Drama, and Nostalgia in Ancient Greece (Haciendo de hombres: género, drama y nostalgia en la Grecia antigua,* o Susan Lape, con *Reproducing Athens. Menander's comedy, democratic culture, and the hellenistic city (Reproducir Atenas. Comedias de Menandro, cultura democrática y la ciudad helenística),* inciden en estas perspectivas. Esta última, además, ha destacado cómo el teatro de la Comedia Nueva (extrapolable al teatro romano y a otro tipo de formas de entender el arte dramático similares) permitía a la ciudad destacar el papel emocional y mediador de las mujeres, frente a una identidad mucho más individualista de los hombres, y dotaba así a las atenienses de un espacio y una función propias dentro de la comunidad.

De hecho, Almudena Hernando ha teorizado de una forma parecida el inicio de la separación de géneros y el origen del patriarcado y la desigualdad en la Prehistoria, en la forma de favorecer una identidad relacional en las mujeres frente a la individual de los hombres, que habrían delegado así su bienestar emocional y su vínculo con la comunidad en estas últimas. La autora recuerda que, por mucho que las masculinidades hegemónicas hayan sido construidas para negar las emociones vinculadas al amor, los cuidados o los vínculos (mientras que se permite expresar la rabia o la agresividad), los humanos seguimos necesitando una sensación de ser parte de una comunidad frente a un mundo hostil. Así, la individualidad absoluta a la que se aspira como ideal social masculino es, en realidad, inviable sin un grupo social que pueda mantener ese sentido de pertenencia[26].

Esta división es rastreable en el mundo antiguo y puede intentar retrotraerse a la Prehistoria, pero quizá sea aún más visible en una Ilustración europea que negó la importancia del cuerpo y lo material frente a un idealismo y una preponderancia de lo mental y espiritual... pero que, frente a la educación en la ciudadanía y la independencia del Emilio de Rousseau, invisibilizó el uso de las mujeres como ayuda y sostén que puede verse en el complemento a esa obra, un último capítulo dedicado a Sofía, que demuestra que todo lo anterior no era, en absoluto, un universal.

Rousseau afirma que «el destino de la mujer es agradar y ser subyugada», mientras que el hombre agrada por su poder. Tras una larga disquisición sobre deseos y violencias y cómo el hombre hace depender su satisfacción de la mujer, acaba diciendo que «el varón es varón en algunos instantes; la hembra es hembra durante toda su vida», es decir, resume la asociación entre lo femenino y la naturaleza y los cuidados[27]. El hombre sería apto para el gobierno y la vida social precisamente por su separación de la naturaleza.

[26] Hernando Gonzalo (2012).
[27] Rousseau (1762).

4. Lesbianas, matronas y vestales

Hemos recorrido un largo camino solo para averiguar que las mujeres en el mundo clásico, efectivamente, existían. Incluso tenían historia y se había empezado a contarla. Se había llegado a un acuerdo, además, de que esas mujeres no «nacían» siéndolo, propiamente dicho, sino que se construían y educaban como tales. Sin embargo, ciertos temas habían tenido prioridad frente a otros. Algunos, por desinterés o miedo, habían quedado bajo la alfombra, mientras que otros habían tenido más éxito obteniendo esa especie de aura de legitimidad y validez.

Hay que tener en cuenta que, a partir del siglo XVIII, en el que empezamos nuestro recorrido en torno a la historia de las mujeres, también tuvo un auge importante el concepto de escándalo (con toda su connotación sexual) y de pudor, tanto privado como social. No solo fue la época en que se decía a las mujeres que nunca se las había tratado mejor, sino que ese paternalismo, recordemos, también las trataba como seres débiles que debían ser protegidos, y como seres volubles que podían caer fácilmente en la tentación. En ese mismo saco se metió a los niños, que empezaron a verse como seres inocentes y alejados de toda sexualidad, propia o ajena. El contraste con el mundo antiguo era patente y requería toda una serie de envoltorios para ocultar esa obscenidad. Los museos crearon gabinetes secretos para exponer las piezas más delicadas. Quizá el más conocido es el de Nápoles, porque aún perdura, aunque como reliquia, pero el del British Museum estuvo activo casi hasta el siglo XX [1].

En este ambiente no era fácil estudiar el erotismo o la sexualidad, por muy académico que fuera el investigador o por muchas piezas

---

[1] Johns (1982), pp. 24 ss.

que existieran. Los autores se vieron en la necesidad de firmar sus obras con pseudónimos y no fueron especialmente bien vistos por sus colegas de universidades y museos[2]. Si el ámbito de la historia de las mujeres y de género ya era visto como algo particular, la sexualidad adquirió un estatus claro de excepcionalidad que no afectaba a otros ámbitos de lo considerado inmoral. El escándalo y el reproche que despertaba el interés en estos temas no se aplicó a ámbitos como la violencia o, por ejemplo, los juegos gladiatorios.

La sospecha permanente dejaba claro el carácter político de unos estudios que visibilizaban una sexualidad diferente y problemática para su época, sobre todo en los campos en los que esta no lo era en el mundo clásico. Obviamente todos podían menear la cabeza cuando se trataba de Nerón o Calígula y sus supuestas perversiones, pero no tanto cuando los griegos hablaban tranquilamente de Alcibíades insultando a Sócrates por no tener más relaciones sexuales con él. De hecho, es curioso cómo, frente al olvido de las mujeres (salvo, quizá, Safo), los nombres de los hombres homosexuales no fueron olvidados, sino que se invocaron en numerosas ocasiones como justificación ante la sociedad o la ley. Oscar Wilde, en su juicio por indecencia, citó a Platón, pero también a David y Jonatán, a Miguel Ángel o Shakespeare, y definió dicho amor como «Love that dare not speak its name» («el amor que no osa decir su nombre»), un verso de un poema titulado «Two Loves», de lord Alfred Bruce Douglas.

Pero el contexto fue cambiando a lo largo del siglo XIX y, con ello, las investigaciones y relatos. Freud, por mucho que considerara que la sexualidad madura y normativa era la heterosexualidad reproductiva (y por mucho que falseara sistemáticamente sus estudios), había abierto el camino a una forma diferente de abordar estos temas. La idea de una sexualidad variable, tanto en la historia como en la vida del sujeto, con factores culturales y personales implicados, permitía también abrir una idea de que la sexualidad tenía historia. En algunos casos, también hay que decirlo, la mezcla entre sexualidad, psicoanálisis e Historia Antigua fue especialmente mal, como en el de Eva Keuls y su *The Reign of Phallus. Sexual politics in Ancient Athens (El dominio del falo. Política sexual en la antigua Atenas),* del que se destacó la escasa base para afirmaciones como la de que la mutilación de las hermas (esculturas protectoras

---

[2] Martino (1996), pp. 293-341.

de caminos y cruces en que se marcaba solo la cabeza y los genitales) en Atenas no se debió a Alcibíades, sino a una protesta femenina por el ambiente falocrático, o la asociación de las gorgonas y el *gorgoneion* (y, por tanto, Atenas) a una vagina dentada y el miedo masculino a la misma.

Los movimientos pro-LGTBIQ+ de los años sesenta, que derivaron en reacciones como la ocurrida en Stonewall en el verano de 1969, removieron muchas conciencias o, al menos, abrieron muchos ojos. También la Segunda Ola del feminismo, que nos enseñó que lo personal es político, lo que se puede aplicar igualmente a nuestra forma de afrontar la historia, estaba en marcha. De repente, se empezaba a hablar de demografía, de familia y de cuerpos. Justo cuando también se reclamaba en la sociedad que se visibilizara más la sexualidad, su normatividad y sus transgresiones. Autores como Foucault, Bourdieu y Kate Millet dedicaron una parte importante de sus investigaciones a destacar cómo el sexo, la sexualidad, el deseo y los tabúes no son solo una cuestión natural (como ya había pasado con el género), sino que son métodos de control social. Palabras como *biopoder* o *habitus* aparecían en el horizonte de los estudios más académicos, aunque hicieran correr ríos de tinta porque, en el fondo, nadie sabía del todo bien qué abarcaban o excluían.

Resulta curioso, como poco, que uno de los primeros intentos serios de realizar una historia más o menos global de la sexualidad en Occidente acabara con su autor, Jean-Louis Flandrin, preguntándose precisamente por qué no se había hecho antes y cómo había tan poco estudio serio sobre el tema. De nuevo la sorpresa, con una reflexión añadida. No somos más que prisioneros de nuestro pasado y, si en algún momento nos creemos libres de él, se empeña en demostrarnos que no. Así pues, más vale conocerlo y ser conscientes de qué supone y qué hemos heredado[3].

SEXUALIDADES Y POLÉMICAS

Por supuesto, como con el género, el estudio de la sexualidad no ha sido un campo fácil y exento de críticas, rechazos o escánda-

---

[3] Flandrin (1981).

los solo por la sensibilidad en torno a la inmoralidad o la vergüenza. Las ideologías conservadoras intentaban demostrar que la heterosexualidad nunca había sido otra cosa que la norma, o calificaban de propaganda cualquier estudio que analizase otras orientaciones o identidades. Y el mundo clásico era un campo especialmente fértil para estas polémicas.

Un ejemplo, a medias entre lo divertido, lo chusco y lo preocupante, ha sido la recepción de un libro de James Davidson, *The Greeks and Greek Love: A Radical Reappraisal of Homosexuality in Ancient Greece (Los griegos y el amor griego: una reevaluación radical de la homosexualidad en la Grecia antigua)*, publicado en 2007. En él se negaba, al menos de forma parcial, lo que normalmente conocemos como «pederastia educativa ateniense», es decir, la relación sexoafectiva entre un individuo adulto y ciudadano (*erastés*) y uno más joven (*erómenos*), también ciudadano, como forma de introducción de este último en los círculos sociales y políticos del primero. O, más bien, lo que negaba era su realidad física y explícitamente sexual, así como, en parte, la diferencia de edad. El libro tiene profundas carencias en el uso o interpretación de las fuentes y obvia otras muchas que no se atienen a su sesgo o a lo que quería demostrar, pero las conclusiones alegraron enormemente a ciertos sectores conservadores, sobre todo del ámbito anglosajón. Sin embargo, el elemento particular aquí vino dado por la pequeña guerra de reseñas y contrarreseñas que se desató en la *Bryn Mawr Classical Review*.

La primera reseña, de Eric C. Brook era bastante moderada y descriptiva, incluso elogiosa, aunque hablaba de las libertades interpretativas del libro[4]. En sus menciones sobre las «preocupaciones» de Davidson en lo tocante al estudio de la homosexualidad griega con cuestiones modernas, evita citar fragmentos del autor en que dice cosas como: «Sin embargo, a pesar de todas estas reticencias, los trabajos modernos sobre la cultura griega antigua están notablemente obsesionados con los pormenores de los actos sexuales homosexuales realizados hace dos años y medio. Es difícil transmitir a los lectores en general la omnipresencia del sexo anal en la obra de los clasicistas actuales, la mayoría de ellos hombres felizmente casados cuyo conocimiento de la sodomía tiende a ser el

---

[4] Brook (2008).

que se obtiene de los libros o de los tenues recuerdos de noches imprudentes en el internado. Para el consenso actual, un *erastés* no es un admirador enfermo de amor, sino "el macho agresivo que persigue y penetra a los chicos"»[5].

Tras esta reseña se publicó, en la misma revista, una contrarreseña, más dura y completa, de Beert Verstraete, en la que, además, se comentaba otra reseña, muy crítica, de Thomas K. Hubbard, que rozaba lo destructivo[6]. Este último no dudó en afirmar que «Davidson es autor de un primer libro excelente y muy ameno, *Courtesans and Fishcakes: The Consuming Passions of Classical Athens* (Londres 1997), y un importante artículo de 50 páginas sobre el tema que nos ocupa en la respetada revista histórica *Past and Present*. Sin embargo, los admiradores de su obra anterior (entre los que me cuento) no pueden sino sentirse consternados por este ampuloso, autoindulgente e interminable tomo de 634 páginas, en el que el autor mezcla con total desenfreno hechos, fantasías, especulaciones, traducciones erróneas, paráfrasis engañosas y argumentos tan impenetrables e inverosímiles que marea incluso al especialista erudito más experimentado. Es una verdadera lástima, ya que el libro contiene muchas observaciones valiosas, pero para encontrarlas hay que vadear a través de un insufrible pozo negro de basura»[7].

Davidson no se tomó nada bien estos reproches a su trabajo y reaccionó con una respuesta que, más allá de lo académico y prácticamente sin entrar en las críticas, insinuaba (por ser eufemísticos) que la posición de Hubbard no tenía que ver con las fuentes o los argumentos, sino más bien con una posición personal a favor de la pederastia, al igual que había insinuado (de nuevo por ser eufemísticos) en el libro que el estudio del homoerotismo griego venía marcado por intereses particulares[8]. Hubbard, ni corto ni perezoso, respondió que, aparte de ser falsas las acusaciones…, seguían siendo irrelevantes frente a las críticas a la obra.

Para entonces, la Bryn Mawr había pasado las reseñas al blog, intentando cortar una escalada que, evidentemente, no era del agra-

---

[5] Davidson (2007), p. 101.
[6] Verstraete (2009).
[7] Hubbard (2009).
[8] Davidson (2009).

do de quienes gestionaban la institución. Aun así, han tenido que borrar algunos mensajes especialmente jocosos en torno a la deriva del debate. Más allá de lo chusco del asunto, es un ejemplo enormemente significativo de cómo lo personal permea la investigación en varios sentidos. Por un lado, evidentemente los intereses personales y las identidades marcan nuevas preguntas y campos de estudio, como hemos venido viendo. Y no es algo negativo. Por otro, la historia es un campo de batalla, pero también lo son el cuerpo y la vida de los distintos autores, que tienen que enfrentarse no solo a un rechazo académico, sino a una guerra personal y social cuando se tocan o bordean temas polémicos o que afectan al orden establecido.

Ya hemos hablado de cómo Simone de Beauvoir vio su libro prohibido por la Iglesia y de cómo Eva Cantarella, por ejemplo, recibió críticas personales y ataques homófobos cuando publicó su obra dedicada a la sexualidad en el mundo clásico. Llegó a reaccionar con auténtica sorpresa ante este rechazo y escribió, por ejemplo, que «Griffin comienza su reseña señalando que los libros publicados recientemente sobre la sexualidad (y en particular sobre la homosexualidad) en el mundo antiguo, así como los dedicados al comportamiento sexual de los animales, "tienden a tener un fuerte sabor a propaganda". Sé, por supuesto, que actualmente existe un acalorado debate sobre estas cuestiones. Pero tomar partido en él estaba absolutamente fuera del propósito de mi libro, escrito en Italia hace varios años»[9]. Curiosamente, otras facetas del estudio de la sexualidad, más enfocados en el matrimonio y otros ámbitos más normativos, no han recibido jamás la acusación de ser «propaganda». La palabra se reserva para las investigaciones centradas en lo que el sector más tradicional de la sociedad considera transgresor.

De hecho, una de las principales obras sobre el tema del homoerotismo y la sociabilidad femenina en el mundo clásico, *Among Women (Entre mujeres)*, coordinada por Nancy Sorkin Rabinowitz y Lisa Auanger, parte, en la propia introducción, con una reflexión sobre estas reacciones y acusaciones. La historia siempre ha servido para hablar desde lo contemporáneo, fuera la consideración de Grecia y Roma como los orígenes culturales para justificar el colonialis-

---

[9] Cantarella (1993).

mo o cuando se hablaba de género[10]. La carga ideológica que se vertió sobre Grecia y Roma ha contribuido en buena medida a complicar los estudios sobre mujeres, vida cotidiana y sexualidad. Cuando se han mitificado estas sociedades como base moral de un orden tradicional, el estudiar lo que entonces era normativo pero hoy no, o las propias transgresiones en aquellos momentos, se percibe como un ataque al sistema establecido. Y quizá lo sea.

Aquí podríamos hacer un inciso sobre cómo ha influido en nuestro imaginario colectivo, más allá de la Academia, este tipo de visiones sobre el binomio norma-transgresión –desde la contraposición entre Oriente y Occidente, que ha representado a Oriente como lo afeminado y degradado, hasta el *mirage* (espejismo)[11] espartano o la potencia propagandística del Imperio romano–. Así, las prácticas homoeróticas o no normativas se anulan en nuestras representaciones del mundo clásico cuando se trata de personajes percibidos como positivos, como César o Augusto, y se potencian en los villanos, como Nerón o Calígula. La imagen se repite, y solo tenemos que ver el Calígula de *Yo, Claudio* o de la película de Tinto Brass, el icónico Nerón que interpretó Peter Ustinov en *Quo Vadis* o el afeminamiento de Cómodo en *Gladiator*. En la película *300*, de Zack Snyder, se presenta la sociedad espartana como profundamente heterosexual y monógama, eliminando los elementos de homosexualidad o esclavitud, que se asociaron solo a los persas. Las carcajadas que se podían oír en la sala en la escena de la conversación entre Jerjes y Leónidas, cuando el primero pone las manos en los hombros del segundo, deberían hacernos pensar en cómo las situaciones con carga homoerótica siguen siendo objeto de burla política.

LESBIANAS Y SEXUALIDAD TRANSGRESORA

Ahora bien, mientras los estudios sobre el homoerotismo masculino y, en general, sobre la sexualidad de los hombres, avanzaron con más o menos críticas, la sexualidad en femenino seguía siendo campo abona-

---

[10] Sorkin Rabinowitz y Auanger (eds.) (2002).

[11] Término acuñado por François Ollier para referirse a la visión distorsionada y manipulada en torno a la sociedad espartana, que la ha convertido en una especie de mito, adaptado a las ideas de cada sociedad que la invoca.

do para silencios, omisiones y olvidos. Si bien es cierto que las fuentes nos hablaban mucho menos de ellas, costó empezar a plantearse y analizar el porqué, además de buscar los rastros menos visibles.

Hay factores que influían en esta invisibilización más allá de la homofobia más cruda y que implicaban también el propio concepto de lo que era una mujer y, sobre todo, una mujer griega y romana. Wittig, en sus reflexiones sobre la heterosexualidad obligatoria, comentaba cómo el lesbianismo convertía a las mujeres, a ojos de la sociedad occidental, en no-mujeres, dado que la relación heterosexual había definido durante mucho tiempo y de una forma muy esencial y básica al género femenino. Ellas se concebían en su relación con un hombre. No debería sorprendernos cuando aún muchos ensayos históricos (y no históricos) siguen nombrando a las mujeres solo como «esposas» o «madres de», incluso omitiendo su nombre en muchas ocasiones. Es la definición más primaria.

Asimismo, una de las principales críticas al psicoanálisis y su influencia en la sociedad y el imaginario colectivo ha sido precisamente cómo basa todo su edificio teórico en una supuesta naturalidad del deseo heterosexual y de reproducción. La esencialización de la función doméstica de la mujer ha invisibilizado otros deseos e incluso otros cuerpos, por mucho que Foucault insistiera en cómo la sexualidad se construye desde el poder.

En algunos casos, resulta complicado negar que la invisibilización haya sido completamente consciente o, al menos, intencionada. Es difícil presuponer inocencia en la traducción en masculino de un grafito pompeyano (CIL IV, 5296) en el que una mujer se dirige a otra, llamándola muñequita e instándola a abandonar el amor de los hombres, que es, según ella, voluble. La propia forma del latín hace imposible la confusión y claramente la autora del pequeño vandalismo amoroso se refiere a sí misma en femenino. Algo parecido pasó con Pandrosion, una matemática citada por otro autor en relación a sus alumnos. La traducción del siglo XIX cambió todos los pronombres y pasó al masculino toda referencia a ella. Aún hoy, tras una nueva traducción y la constatación de este hecho, se discute si puede que fuera una mujer o no. ¿Cuántas veces se ha dudado de que un autor sea hombre porque sí, pese a dejarlo claro en una obra?

Lo mismo pasó con los poemas de Safo, que se censuraron directamente y se eliminaron de las traducciones, algo que no puede

Figura 13. Honoré Victorin Daumier, *Muerte de Safo,* 1843. The Art Institute of
Chicago. Honoré Victorin Daumier realizó medio centenar de grabados dedicados a
la Antigüedad. Este representa la muerte de Safo, que se habría
suicidado por amor. Añadió un subtítulo que decía
«Señoritas, ya veis dónde nos lleva el amor».

achacarse a olvidos o negligencias. Incluso cuando la homosexualidad femenina se trata en negativo en textos clásicos, ha habido casos de censura evidente. La Biblioteca de Autores Cristianos eliminó en una traducción de san Agustín el párrafo en el que este reconvenía a las mujeres de una comunidad porque el amor que se tenían parecía ser bastante más carnal que espiritual.

En otros casos, incluso con una mirada honesta, resulta complicado estudiar estos temas, sobre todo por la imposibilidad de ajustar nuestras etiquetas actuales al pasado o de conocer qué se estaba realmente expresando en ciertos relatos, mitos o críticas. Por un lado, como ya ha destacado David Halperin, el eje de actividad/pasividad como configuración de la norma sexual complica hablar de homosexualidad o bisexualidad... pero también de heterosexualidad. En este punto, resulta difícil no preguntarse por qué hemos aceptado tranquila y rápidamente hablar de homoerotismo para tratar de las relaciones dentro del mismo género, pero nadie se ha planteado una etiqueta como la de «heteroerotismo» o cuestionado el uso del de «heterosexualidad» en el mundo antiguo[12]. Por otro lado, la diversidad de realidades posibles hace que dudemos de qué hay detrás de algunas narraciones. Cuando Marcial habla de un clítoris enorme de Basa, puede referirse a un caso de intersexualidad, a unos genitales ambiguos o simplemente a su imposibilidad de concebir una sexualidad sin penetración. Cuando Luciano de Samosata, en su *Diálogo de las cortesanas*, nos representa a Megilla unida como pareja estable a Demonassa, actuando como un hombre y pidiendo que se la trate en masculino, puede haber representado una realidad trans o simplemente estar en una línea más similar a la que destacaba Wittig de negar la feminidad a las mujeres no relacionadas con un hombre. Lo mismo sucede con un Heliogábalo pidiendo a los médicos una vagina y siendo tratado en femenino, que oscila entre la crítica y la invención más brutal o la realidad de una brecha en su forma de percibir o expresar su género. Y así con todas las historias.

Quizá lo más honesto, en estos casos, es reconocer la imposibilidad de llegar a certezas, tanto por la naturaleza de las fuentes como de su conservación, y considerar, en cualquier caso, el abanico de posibilidades. Es más, quizá lo más razonable sería estudiar

---

[12] González Gutiérrez (2023).

estos temas en relación a lo que las fuentes consideraban posible, fuera considerado positivo o negativo, más que intentar averiguar una realidad que tampoco encajaría en la nuestra. Y, sobre todo, asumir que la construcción posterior de la heterosexualidad como norma y elemento naturalizado y como patologización de otras orientaciones o sexualidades, así como de comportamientos no normativos incluso dentro de la heterosexualidad, no era algo que formase parte del imaginario antiguo.

La exploración del homoerotismo femenino, por ejemplo, más allá del tópico de Safo ha sido bastante escasa, como también las transgresiones a la identidad de género. Al principio era algo que se incluía en obras más generales, como pasó con las de Cantarella o Dover, lo que ya era una novedad de por sí, pero se subsumía en un espacio básicamente masculino[13]. También ha estado presente en obras colectivas que trataban sobre las disidencias sexuales o la homosexualidad, o incluso sobre la sexualidad en general, lo cual, como siempre, es algo que indica que ciertos temas empiezan a tener carta de naturaleza en la investigación[14].

Pequeños artículos, sobre todo sobre las relaciones homoeróticas femeninas en Grecia, salpicaron, en cualquier caso, este panorama prácticamente desde el principio de la historia de las mujeres y de género. Era complicado obviar del todo la fuerza de la poesía sáfica o la de Alcman y la potencia del erotismo de los coros femeninos. Ya un autor, Bruno Gentili, afirmaba en los años setenta que era complicado estudiar ciertas asociaciones, femeninas o masculinas, y pensar, dadas las fuentes que tenemos sobre ellas, que lo principal era solo la recitación y que no era básica la relación humana que creaban. Y eso no se refería solo al amor, sino también a la rivalidad o los vínculos sociales de amistad y culto[15]. Sin embargo, tendríamos que esperar hasta años más tarde para tener realmente monografías que, además, aportaran una visión fundamental en este tema, la visión femenina.

Nancy Sorkin Rabinowitz y Lisa Auanger también destacaron, en la introducción de la obra mencionada, este enorme vacío en torno a las relaciones homoeróticas y homosociales en las mujeres clásicas.

---

13 Cantarella (1988), Dover (1989).
14 Por ejemplo, en Ormand (2009); Hubbard (ed.) (2013).
15 Gentili (1976).

Quizá los estudios que más habían abierto el camino, curiosamente, se centraban en el último periodo del mundo clásico, el cristianismo. En esto se ha enfocado la obra de Bernadette J. Brooten, aunque con un amplio análisis del contexto romano al que se enfrentaban estas reacciones cristianas al homoerotismo femenino[16]. Resulta especialmente importante su estudio más allá de las relaciones sexuales, en el que analiza también la posibilidad de uniones estables, calificadas incluso como matrimonio entre algunos autores.

Como con la obra de Pomeroy, no solo supone un punto de inflexión, sino también de inicio, gracias a la ingente recopilación de fuentes. Además, resulta interesante la unión con la reivindicación política y, sobre todo, religiosa en torno a la necesidad de repensar, deconstruir y reconstruir una ética sexual en el ámbito de las religiones del Libro (judaísmo, cristianismo e islam)[17].

Si había una continuidad entre el mundo romano y el cristiano en su forma de ver estas relaciones, que escapaban a la idea de la natural pasividad femenina, también la hubo con épocas posteriores, hasta llegar a nuestros días. Es destacable cómo muchos autores se han visto en la necesidad, académica o moral, de aseverar la ausencia de sexualidad activa o la enorme pureza de la poesía de Safo, negando un homoerotismo que era mucho más una obviedad que un objeto de estudio. Incluso en las traducciones y estudios en los que no se eliminaron directamente algunos poemas o en los que se llegaba a reconocer una carga erótica, fue habitual negar la posibilidad de que ese aspecto fuese homoerótico, centrándose en las relaciones heterosexuales de la poeta[18].

También se ha estudiado recientemente el ámbito de las prácticas no normativas, que no solo eran homoeróticas, como, por ejemplo, el sexo oral: cunnilingus y felación se relacionaban directamente como prácticas consideradas degradantes, ya que implicaban no solo la pasividad, sino también la contaminación de la boca, elemento considerado fundamental como factor político por la importancia de las asambleas y debates públicos. En este sentido,

---

[16] Brooten (1996).

[17] El proyecto del que forma parte la autora lucha también contra la esclavitud en general, pero asimismo y en concreto contra la unión entre los conceptos de esclavitud, sexualidad y feminidad [https://www.brandeis.edu/projects/fse/].

[18] Rabinowitz, introducción a Rabinowitz y Auangr (eds.) (2022).

autores como Amy Richlin o Martos Montiel, desde un ámbito más filológico normalmente, han ido asentando unos estudios que siguen provocando asombro, escepticismo o escándalo.

Al cambiar la perspectiva y la mirada no solo sobre prácticas sexuales transgresoras sino respecto a la sexualidad y la transgresión en todos los ámbitos, se han planteado nuevas formas de mirar la iconografía. De repente, esos epígrafes funerarios de mujeres griegas o romanas sin ningún parentesco que decidían enterrarse y representarse juntas en la muerte, cobraban otro sentido; por ejemplo, el monumento de Fonteia Eleusis y Fonteia Helena, conservado en el Museo Británico, o la tumba de dos mujeres que conservamos en el Cerámico, en Atenas. En estos casos, incluso podemos ver gestos tradicionalmente matrimoniales, que se habían ignorado. Al igual que pasó con los llamados *Boston marriage* en el siglo XIX, con mujeres decidían vivir juntas como «amigas», pero compartiendo vida y llamándose cariño, las uniones grecorromanas empezaron a asomar más allá de las interpretaciones familiares[19].

Creo que, en este último caso, no podemos sorprendernos de que no se hubieran planteado estas posibilidades antes, cuando aún hoy las relaciones lésbicas siguen siendo invisibilizadas en muchas ocasiones bajo la fórmula de la amistad o el compañerismo, incluso en los ambientes considerados más abiertos o menos discriminadores. La mirada de la comunidad sigue siendo, en muchos casos, violenta o miope.

MATRONAS Y VESTALES:
ENTRE LA REPRODUCCIÓN Y LA CASTIDAD

Mientras que la sexualidad no normativa siempre fue un campo espinoso, el matrimonio y la demografía habían alcanzado una cierta aceptación como ámbito de estudio. Como inciso, aquí, podríamos reflexionar sobre cómo la normatividad recubre toda una serie de cuestiones hasta hacerlas invisibles. Es particularmente curioso cómo el matrimonio griego y romano ha sido estudiado siempre desde el punto de vista de la organización y la reproducción, tanto

---

[19] Younger (2002). Para los *Boston marriage,* véase también Domenech (2019).

física como social. El aspecto que concierne a la sexualidad, sin embargo, ha sido tradicionalmente obviado por completo, hasta el punto de que poca gente pensaría en este tema si le hablan de una «historia de la sexualidad».

Ya desde el principio de la historia social, con los *Annales,* se había insistido en la importancia de la demografía para comprender los contextos históricos. De hecho, los estudios sobre demografía histórica que empiezan a aparecer en la Europa de los años cincuenta no pretendían solo dar datos y censos de población, sino entender las estructuras sociales, cómo se articulaban las familias y las comunidades. Muchas veces se iba de lo pequeño a lo grande y no al revés, algo parecido a lo que pasaría con la microhistoria (la que se centra en unidades pequeñas de estudio como los individuos o pequeñas comunidades) y la importancia de las ideas y vidas particulares.

Por razones obvias, estos estudios eran mucho más fáciles en época moderna o contemporánea que en el mundo antiguo, la Prehistoria o incluso la Edad Media. Pero un buen reto nunca ha desanimado a los historiadores y se han buscado métodos y recursos para abordarlo. En los años noventa ya nos encontramos con coloquios dedicados al tema en diversos países y con una aspiración claramente internacional, como el *Premier Colloque International de Démographie Historique Antique* en Arras (1996), el *First Finley Colloquium on Ancient Social and Economic History: Population Size and Demographic Structure in the Ancient World* en Cambridge (1997) o el *Incontro internazionale di studio: demografia, sistemi agrari, regimi alimentri nel mondo antico* en Parma (1997)[20].

Hay que reconocer que igual los nombres de los coloquios, asociaciones y revistas no eran lo más atractivo del mundo, pero cargaban de seriedad unos estudios que se percibían como menos politizados que otros sobre el género. Incluso en el tema de la edad del matrimonio, que puede parecernos tan actual, las críticas y enzarzamientos se quedaron, sobre todo, en lo académico. M. K. Hopwins y Brent D. Shaw escribieron sendos artículos que han pasado a la historia intentando averiguar la edad real de la mayoría de matrimonios en Roma o, al menos, un acercamiento a la media. Lo verdaderamente importante no fue solo una serie de conclusiones sobre la precocidad o no de dichos matrimonios, o la tendencia de la elite a

---

[20] Corvisier (2001).

los matrimonios tempranos (lo cual, recordemos, suponía unos doce años en el caso de las niñas... o menos, si contamos los esponsales), sino cómo se analizaron los sesgos y limitaciones de las fuentes. La epigrafía y los censos nos acercan, por ejemplo, a las edades de matrimonio, pero no suelen decirnos si la niña murió de parto, ni todas las fuentes nos dicen cuánto llevaba casada o con qué edad se casó. El derecho nos habla de máximos y mínimos, de normas y de tabúes, pero tampoco nos dice mucho del cumplimiento de la misma, la frecuencia o las excepciones, más allá de casos concretos que quedan como jurisprudencia. Muchas veces se nos escapan, además, las variaciones espaciales o temporales. Al final, hay que asumir que, a veces, se trabaja con gelatina y que las frustraciones son una parte fundamental del intento de descubrir el pasado. Eso y que, para encontrar, debemos plantear a las fuentes las preguntas adecuadas, que no siempre son o han sido tan obvias como creeríamos.

Si pensamos que el matrimonio o la prostitución infantil serían temas delicados, tenemos que esperar a fijarnos en los embarazos, su control o los bebés y su posible eliminación para llegar al tema realmente polémico. No son asuntos que nos guste observar, aunque sea de lejos, y menos aún gustaba hace unos años. No nos gusta que nos saquen de los acueductos para hablar de niños tirados a la basura o sacrificados a los dioses. En algunas ocasiones se ha intentado negar cualquier atisbo de infanticidio, por ejemplo, con el caso del sacrificio molk púnico, en el que los niños serían los principales afectados. Aún más incómodo es pensar en lo que se ha venido a llamar infanticidios indirectos, el dejar morir a parte de la descendencia sin que ello implique un acto directo de asesinato. No es algo ajeno a nuestros días, y los estudios de algunas regiones muestran una significativa tendencia a que los hijos menores sobrevivan menos y mueran de pequeños por accidentes o negligencias[21].

Se llegó a hablar de los «*toilet child*», como hacía Lloyd De-Mause, cuando se trataba de violencia infantil, e incluso el autor aseguró que no había habido una idea clara de lo que suponía la infancia en épocas previas al siglo XVI o XVII, algo evidentemente exagerado. La teoría y el sentido común (¡ay, de nuevo, el sentido común y sus prejuicios!) dictaban que, si se te iban a morir igual la mitad de las criaturas antes de los cinco y tenías chorrocientas a lo

---

[21] Harris (2000), pp. 44ss.

largo de la vida, lo normal sería no cogerles mucho cariño. De hecho, el que no se enterraran en las necrópolis sino en ánforas cerca o bajo el hogar lo probaría. En realidad, esto último es discutible, porque, a veces, puede ser el cariño y la sensación de que el muerto es «muy pequeño» para estar solo lo que lleva a un enterramiento doméstico. En el museo de Hiroshima se conserva un triciclo y un casco, que fueron los juguetes preferidos de un niño que murió en la explosión de la bomba atómica. Su padre tardó años en trasladar los restos del niño desde su jardín a un cementerio porque le daba pena que estuviera tan solo en un sitio tan ajeno. Del mismo modo, muchos enterramientos infantiles medievales y modernos encontrados en las cercanías de los muros de las iglesias o, incluso, dentro de ellos se deben al intento desesperado de las familias de proporcionarles un trampolín al cielo, ya que los niños que morían antes de ser bautizados no podían ser enterrados en sagrado, y no a siniestros infanticidios de niños no deseados (que también los había, por otro lado).

Ahora bien, sí es cierto que la violencia era algo intrínseco a Roma. El infanticidio o, más bien, la exposición (es decir, el abandono de recién nacidos) era un derecho del padre, que tenía potestad para reconocer o no a los hijos nacidos de su matrimonio. Aunque el derecho de vida y muerte del *pater familias* sobre sus hijos (o nietos) fue algo que tendió a restringirse, no dejó de ser algo normal en Roma. Una vez superada la primera prueba, la sociedad tampoco veía del todo mal la violencia en la educación de las criaturas. Las fuentes nos hablan de maestros demasiado entusiastas con el dicho de que la letra con sangre entra, y la arqueología nos ha ayudado a corroborar casos de abuso, algunos *perimortem*. Al igual que con la historia de las mujeres, el primer paso de la historia de la infancia fue percibir las violencias contra la misma[22].

Sin embargo, como con todo, los matices importaban y las sociedades, en realidad, siempre han sido complejas. Suzanne Dixon o Richard Saller nos permitieron ver que también había amor en las familias, que los niños recién nacidos también se lloraban y que la ternura era una posibilidad. Cicerón, con todo lo pedante que podía ser, lloró amargamente la muerte de su hija a causa de un mal embarazo y parto, en un suceso que se llevó también la vida del bebé.

---

[22] Cf. González Gutiérrez (2021), Redfern y Gowland (2012).

Siempre la había querido y había consultado con la madre de la chica las decisiones importantes. No todo era blanco o negro en Roma.

Los estudios sobre cómo se había creado el mito del amor maternal se centraron sobre todo en el origen del mismo, es decir, la época moderna. Elisabeth Badinter o Norma Ferro estudiaron cómo la idea de un apego inmediato y un deseo ferviente por parte de las madres era un constructo que podía retrotraerse al siglo XVII, pero que era complicado encontrar en época antigua o medieval. A ello se unía un ideal de entrega absoluta de las madres por su familia y, sobre todo, por sus hijos. Todo ello formaba parte de un conglomerado ideológico que pretendía una restricción de la agencia femenina y, sobre todo, solucionar un exceso de muertes debido al abuso de la figura de las nodrizas. El estudio de esta figura sería común a los estudios sobre la maternidad y la familia en el mundo antiguo.

La maternidad romana dependía mucho del uso de amas de cría y nodrizas. La crianza no implicaba, necesariamente, una crianza *física* del bebé, ni en los cuidados básicos ni en la lactancia. De hecho, esta última fue un caballo de batalla de los moralistas, que la asociaban a la modestia, castidad y sacrificio de las mujeres, y veían la renuncia de estas como un signo de vagancia o coquetería. También fue objeto de estudio por los médicos griegos y romanos, sobre todo en su función anticonceptiva. Los estudios se multiplicaron para profundizar en las relaciones y vínculos transversales a lo que entendemos como familia, y cómo la maternidad puede tener más matices de lo esperado. Las fuentes nos hablan no solo de consejos para elegir a estas nodrizas, sino también de profundos vínculos entre los ciudadanos y sus nodrizas. Plinio el Joven, por ejemplo, regaló tierras y propiedades a la suya, para que pudiera retirarse tranquilamente a vivir de las rentas.

Los estudios desde el derecho también permitieron, en este sentido, acercarse a las mujeres y su situación legal dentro del matrimonio y en la familia. Ahora bien, mientras esta tradición creó un foco de interés en la familia romana, sus contrapartes en el mundo griego o de la Antigüedad tardía pasaron mucho más desapercibidas. Una rápida búsqueda por catálogos de repositorios o bibliotecas universitarias nos puede dar una idea aproximada de la brecha entre estos ámbitos geográficos. Para intentar paliar estas ausencias, en 2009 se llevó a cabo un congreso titulado *From Oikos* to the Familia: Framing the Discipline for the 21st Century (Del oikos a la familia: enfocando la disciplina para el siglo XXI), con la intención de iniciar la publicación de una serie de libros bajo el paraguas de una colección titulada *Family in Antiquity (La familia en la Antigüedad)*. Se publicaron dos obras, una dedicada al mundo griego y romano, y otra al mundo romano y tardoantiguo. Dicha publicación coincidió con la muerte, en 2010, de Beryl Rawson, pionera e investigadora fundamental en estos trabajos desde los años sesenta.

ABORTO Y ANTICONCEPCIÓN

Como con la demografía, el control de la natalidad siempre ha sido un tema que ha flotado en el ambiente, con su legalidad o clandestinidad, con sus riesgos o como método para salvar a la madre, como derecho masculino o crítica a las mujeres. Al fin y al cabo, era obvio, como decían algunos autores, que no solo era una cuestión universal, sino que el hecho de que las sociedades occidentales (y muy especialmente la griega y la romana) hayan valorado a las mujeres por su función en la reproducción física y social, no quería decir que estuvieran dispuestas a tener familias del tamaño que los dioses tuvieran a bien disponer[23].

Ahora bien, el cómo tratar algo tan delicado ha variado mucho en la historia, y más cuando se hacía historia sobre ello. Paul Brouardel ya realizó un recorrido histórico en 1901 por el tema del aborto, justamente en una obra con ese nombre *L'Avortement (El aborto),* pero seguía al pie de la letra las fuentes, sin analizar intenciones o contextos, además de realizar una selección bastante cuestionable de las mismas. Así, Grecia se convertía en un ambiente de libertad sexual y reproductiva, mientras que en Roma sería un elemento clandestino y oscuro, propio de las elites, un tema de coquetería o inmoralidad. Es el problema cuando uno se toma demasiado en serio a Séneca o Juvenal. Pocas veces nos planteamos cómo se verá en el futuro la moral actual en torno al aborto teniendo en cuenta las fuentes que se conservarán, o cómo se desdibujarán los debates y las posiciones contrapuestas.

---

[23] McLaren (1990).

En las décadas siguientes, el auge de la antropología y los debates políticos llevaron a un crecimiento del interés en el control de la natalidad en todos sus aspectos. Entre ellos, las controversias en el seno de la Iglesia sobre el tema de la anticoncepción y el aborto contribuyeron no poco a la publicación de obras sobre este asunto, no siempre con una temática exactamente histórica. En el Concilio Vaticano II, la comisión encargada del control de la natalidad estuvo a punto de aprobar la anticoncepción, aunque, ante la perspectiva de cómo se iban desarrollando los debates, Pablo VI se adelantó con la encíclica *Humanae Vitae*.

Hay que recordar que no fue simplemente algo académico, y algunas personas perdieron sus cátedras o sufrieron la retirada de la *licentia docenti* por parte de la Iglesia por sus posturas en estos temas o por sus análisis, como pasó con Hans Küng o Uta Ranke-Heinemann. Si el cuerpo es un campo de batalla, la historia también lo es, y no son campos de batalla sin bajas precisamente. En el otro extremo, en 2007 se publicó en la Biblioteca de Autores Cristianos una obra bajo el título de *La Iglesia y la sexualidad*, escrita por J. L. Brugues, G. Bedouelle y P. Becqart, con sendos capítulos para la anticoncepción y el aborto, donde la primera se define como «desorden objetivo del amor» que no respeta el matrimonio, o la homosexualidad como «un acto que se considera contra natura, es decir, un acto que aleja de Dios». A partir de ahí resulta difícil no desconfiar del resto de la obra.

Los asuntos morales no son lo único que se ha cruzado en el desarrollo de estos estudios. Hay que recordar a Jean-Claude Bologne, que se sintió en la necesidad de iniciar su *La Naissance Interdite. Stérilité, avortement, contraception au Moyen-Âge (El nacimiento prohibido. Esterilidad, aborto y contracepción en la Edad Media)*, de 1979, con una advertencia sobre que era una obra histórica y que, por mucho que discutiera la efectividad o no de los métodos usados, no era, en absoluto, una guía ni una hoja de ruta ni, mucho menos, un recetario. No lo decía solo por la posibilidad de que alguien decidiera que la mística de las plantas era más romántica que la actividad de un médico, sino que hay que tener en cuenta que en muchos sitios el aborto aún es ilegal y los métodos clandestinos siguen siendo, a grandes rasgos, los mismos que los romanos. Aquí hago un inciso personal. No es algo que haya cambiado tanto. Yo misma me planteé escribir advertencias similares en algunos de mis trabajos tras algunos comentarios desafortunados mientras hacía mi tesis doctoral, que trataba justamente sobre aborto y anticoncepción, específicamente en época romana, que acabó titulándose *El vientre controlado*. Incluso en países en los que el aborto o la anticoncepción son legales y hasta económicos, distintos factores, desde la vergüenza hasta la falta de redes de apoyo o el miedo al sistema o a los médicos, pueden impulsar a gente a optar por métodos alternativos.

De hecho, podemos rastrear una continuidad entre los métodos usados en el mundo clásico y que podemos encontrar en las distintas fuentes, y los más habituales hoy día, más allá del misoprostol o los medios quirúrgicos. En época medieval y moderna, las recetas, alusiones y tratados médicos se copiaron sin mayores problemas, con el respaldo de la autoridad de dichos textos, y la transmisión oral continuó sin que parezca que haya habido ninguna interrupción notable. El folclore ha servido para descubrir mucho de los usos médicos y culinarios de algunas de las plantas citadas en las fuentes antiguas[24]. No conviene infravalorar el valor de la oralidad y la antropología para estudiar incluso nuestro pasado más lejano.

Así, se transmitieron a través de los siglos tanto los métodos ineficaces pero seguros (por ejemplo, las duchas vaginales) como los eficaces pero peligrosos. Estos últimos, como la ruda o el perejil, pueden provocar desde hemorragias internas hasta paros cardiacos, pasando por las infecciones en el caso del uso tópico. Los cambios de uso también fueron frecuentes, al perderse, en ocasiones, las recetas originales, como ocurrió con el perejil, que pasó de ser consumido a usarse aplicado en la vagina o para romper el saco amniótico. Hay que tener en cuenta que los abortos clandestinos, sea por estos métodos o por operaciones ilegales, tienen un riesgo enorme, con unas mil muertes por cada cien mil abortos, frente a los métodos legales, con solo una muerte por cada cien mil abortos[25].

Sin embargo, lo realmente significativo es la transmisión de los métodos ineficaces, que nos asegura un vínculo más directo, sin la posibilidad de que se hubiera dado una experimentación convergente. El uso de los garbanzos, por ejemplo, como abortivo, cuando es evidente que no suponen peligro alguno, nos permite retrotraer-

---

[24] Jashemski (1999).
[25] Ibáñez y García-Velasco (1992).

nos directamente a las fuentes del mundo clásico y adivinar los métodos de transmisión mixta. Así, en el País Vasco ha perdurado hasta la actualidad, en algunas localidades rurales, este método, aunque, al igual que con el perejil, con una aplicación tópica[26]. El mismo uso se puede encontrar desde algunas regiones de la India y desde las fuentes medievales árabes hasta los foros de internet actuales. Probablemente el origen de esta superstición tenga una base real, ya que Plinio vinculaba el efecto a los garbanzos silvestres, es decir, probablemente las almortas, consumidas en épocas de hambruna y tóxicas si se consumen de forma continuada[27].

También los métodos físicos y quirúrgicos perduraron, y se pasó de las agujas y ganchos romanos al uso de perchas y agujas de tejer en época contemporánea. Estos métodos se incrustaron en el imaginario colectivo y podemos encontrarlos en las campañas por la legalización del aborto. En Argentina, por ejemplo, la bandera con una percha, que también usó Amnistía Internacional, acompañada de la palabra *adiós,* fue común en la campaña de 2020. La exposición fotográfica –convertida luego en fotolibro, ambos premiados– de Laia Abril, titulada *On Abortion (Sobre el aborto),* recoge muchos de estos métodos. Los baños calientes ya aparecían en Sorano o las infusiones de ruda en Dioscórides. Las perchas que ya mencionábamos, de hecho, abren la página de su proyecto[28].

Parecía que la existencia de fuentes que hablaban de estos temas, tanto de los medios como de la legalidad o moralidad del asunto, había quedado bastante cerrado en 1971, cuando un italiano, Enzo Nardi, se propuso reunir hasta la última que hubiera en el mundo clásico sobre ello. El resultado fue una obra bastante voluminosa, con una cantidad de notas a pie de página que solo los académicos italianos son capaces de poner, y una estupenda recopilación bilingüe. Sin embargo, dejaba muy abierta la interpretación de dichos textos, sobre todo porque su propio análisis fue bastante reducido.

A partir de ahí, la discusión ya era otra. John M. Riddle ha sido quizá uno de los más polémicos, no tanto por su profunda convicción en una potente efectividad de los métodos anticonceptivos de la época, sino por cómo ha acabado concibiendo un mundo ro-

---

[26] Manterola (2004).
[27] Plinio el Viejo, *Historia natural,* XXII, 72, 149.
[28] Abril (2018); [https://www.laiaabril.com/project/on-abortion/].

mantizado en el que las mujeres, sabias y solidarias, crearían redes de transmisión de conocimiento clandestino, ancestral y femenino, que escaparían del control o el conocimiento de los hombres. La reacción general de la comunidad científica ha sido el equivalente al «muy bonito, pero no». Sobre todo porque buena parte de esta información sobre plantas, métodos, pesarios y cirugías la encontramos en fuentes escritas por hombres. También había que tener en cuenta que, aunque la ciencia moderna demuestre la eficacia de estos métodos, tendríamos que confiar no solo en la constancia humana, sino en la capacidad de medir dosis de forma efectiva.

No ayudó tampoco a que se le tomara muy en serio el que definiese a Ártemis como una diosa del amor o que asociara la caza de brujas europea al viejo mito de las mujeres sabias perseguidas por sus conocimientos, algo bastante desmentido por los estudios sociales. Como con el matriarcado, hay ciertas historias que nos gustaría crear, que llenan de mística y poesía la historia, que nos hablan de conocimientos ocultos, mujeres arcanas y perseguidas, secretos contados entre susurros, poder femenino y fertilidad sagrada. Son relatos hermosos, plenos y fascinantes. Pero no es realmente historia. Sin embargo, esa historia ardua, correosa, más compleja y que requiere una visión poliédrica, en realidad, es mucho más interesante.

También la obra de Konstantinos Kapparis *Abortion in the Ancient World (El aborto en el mundo antiguo),* publicada en 2002, estuvo rodeada de polémica. Se le acusó de un exceso de presentismo y de dejarse llevar demasiado por los debates actuales sobre estas prácticas. Sin embargo, afronta un tema fundamental, el de las motivaciones y emociones en torno a temas tan delicados. Es complicado averiguar qué motivaba a médicos, mujeres, padres o legisladores, y, sobre todo, cuáles eran los debates en la época, pero no parece que sea un tema a evitar; al contrario, la exploración y comparativa resultan enormemente interesantes.

En la misma línea, *El vientre controlado,* de la misma autora que estás leyendo en este momento, intenta afrontar, con más o menos éxito, no solo los métodos que usaban médicos y comadronas (y probablemente también las mujeres más experimentadas), sino las distintas estrategias que se desarrollan para justificar y justificarse ante la sociedad. En un mundo donde el aborto y la anticoncepción siempre podían asociarse al adulterio, los médicos, de cuya reputación dependía su trabajo, tenían que guardarse las espaldas.

Ahora bien, también eran conocimientos que se siguieron transmitiendo aun cuando, en teoría, estaban prohibidos el aborto o la anticoncepción, también con una estrategia de disimulo de las intenciones. Así, nos encontramos a médicos que echan la culpa de los conocimientos en el tema a prostitutas y comadronas, o médicos medievales que aducen que solo transmitían un saber clásico.

En el fondo, como decía Kapparis, y por mucho que se le criticara por ello, ciertos debates son tan viejos como el mismo ser humano.

5. La arqueología inocente

A veces creemos, o al menos queremos creer, que la arqueología es algo aséptico y descriptivo, un montón de gente con pinceles y una pinta entre señor sesudo e Indiana Jones que anota minuciosamente las piezas que van apareciendo. Vale, muchas veces sí, pero no es solo eso.

Sin embargo, en realidad la arqueología trata las culturas arqueológicas como individuos… e individuos varones, como cuando Childe habla de «tribus pastoriles viriles». Se ha obviado, en la práctica todo grupo que escapara de la definición de hombre adulto. Como en los ensayos y libros de texto, lo femenino se reduce a un apéndice o una nota a pie de página[1].

Las descripciones de los objetos, capas, estructuras y restos que aparecen en las distintas excavaciones también están cargadas de los propios sesgos y visiones. Al igual que con las fuentes, muchas veces vemos lo que queremos o creemos ver. El concepto de «conocimiento situado» de Donna Haraway, esa evidencia de que siempre pensamos desde nuestra posición relativa en un mundo y cultura propios, se aplica también a la arqueología.

Esos sesgos, en ocasiones, nos han impedido ver a las mujeres… literalmente. Un grupo de arqueólogas escandinavas organizaron un congreso en 1979, en Noruega, y lo titularon, irónicamente claro, «Were They All Men?» («¿Eran todos hombres?»). Por mucho, de nuevo, que nos parezca una pregunta absurda, tenía su sentido. Quizá, si nos fijamos bien en muchos museos, lo sigue teniendo.

---

[1] Sánchez Romero (ed.) (2005).

ARQUEOLOGÍA DE LAS MUJERES, ARQUEOLOGÍA DE GÉNERO

Entre los años setenta y ochenta, junto con el auge de la historia de las mujeres y de género, las investigadoras se percataron rápidamente de que el sesgo androcéntrico no era algo exclusivo de la historia que trabajaba con las fuentes, sino que también afectaba a cómo veíamos los restos arqueológicos y, quizá más significativo, qué les preguntábamos[2]. Porque si hay algo que marque realmente qué podemos sacar de la cultura material de una sociedad es cómo la miramos.

Tanto la antropología (muy unida en Estados Unidos a la arqueología) como el feminismo colaboraron para crear una arqueología mucho más social y con diferentes perspectivas, frente a una ciencia decimonónica que se había centrado muchas veces en el brilli brilli sin tener en cuenta los contextos. La imagen de Schliemann volando estratos enteros de Troya o de su esposa, Sophia Engastromenou, posando con las joyas encontradas debería hacernos pensar seriamente en cuánto se ha perdido por priorizar los objetos más vistosos… un problema que aún perdura con la figura de expoliadores y «piteros».

Ese silencio y olvido no es algo que afectase solo a la parte femenina, claro, y hay muchos más ámbitos que han tendido a pasar desapercibidos. La infancia, por ejemplo, ha sido otra gran olvidada. Ha sido necesario un gran esfuerzo para que los juguetes sean identificados como tal, en vez de como figurillas rituales. Era algo tan común que se ha convertido en una especie de cruce entre un meme y un chiste interno: «si un arqueólogo no tiene ni idea de qué es algo, dirá que es ritual». Algunos experimentos realizados con campamentos de nativos americanos recién abandonados han resultado en una dolorosa conciencia de cómo nuestra visión no siempre es tan acertada como querríamos creer[3]. Asimismo, la cultura material es básica para entender cómo funciona el género dentro de cada comunidad, qué se espera de cada género, cuántos se reconocen y los mecanismos de control, transmisión y cambio.

Hay que tener en cuenta que, como con el estudio de las fuentes, el surgimiento de nuevas perspectivas en la arqueología, como la que derivó del materialismo histórico y el marxismo, o las nuevas

---

[2] Bacus (1993).
[3] Bonnichsen (1973).

corrientes de arqueología social, no incluyó, como algo básico y fundamental, la perspectiva de género. De nuevo, los movimientos feministas y las corrientes en torno a la historia de género tuvieron que señalar que los sesgos androcéntricos seguían estando presentes. Una vez más, no se trataba solo de añadir mujeres a la arqueología, sino de cambiar muchos conceptos en torno al poder y la cultura material, o la prioridad que se había dado a la producción frente a la reproducción y su separación radical, muy en línea con la teoría de las esferas (véase p. 83) que establecía un muro entre lo doméstico y lo público.

Si hay algo básico que tenemos que entender es que se puede transformar y operar sobre el género a través de la cultura material, por ejemplo, en cambios que podrían parecer solo una moda inocente. Desde los pies vendados en China hasta la lucha de las mujeres por usar pantalón en el mundo occidental decimonónico, desde la *stola* (túnica o vestimenta larga, normalmente plisada, que se llevaba sobre una túnica interior y que era característica de las matronas) como un marcador de clase en Roma hasta los tacones de aguja. Lo mismo pasa con la ocupación del espacio, aunque haya constantes burlas por parte de ciertos sectores en el interés en aplicar una mirada de género al urbanismo o la arquitectura.

Un buen ejemplo ha sido el debate en torno a la existencia o no de gineceos en la Grecia clásica, o si respondía a una serie de espacios más mentales o simbólicos que físicos, lo cual vuelve a entroncarse con la idea de la separación de las esferas pública y privada, como comentamos en el segundo capítulo. Ya vimos que el debate sobre quiénes podían tener un espacio dedicado solo a la presencia femenina y el significado del mismo se complementó con el cuestionamiento de una visión «orientalizante» que comparaba este concepto con el del harén entre los siglos XVIII y XX[4]. Sin embargo, pocos de esos debates se habían parado a analizar si realmente esos espacios eran o no detectables en la arqueología, o cuál era el modelo de casa más habitual, sobre todo más allá de Atenas, que era la ciudad en la que se centraban las discusiones por la relativa abundancia de fuentes.

El estudio de los espacios domésticos también ha ayudado a desmontar las ideas sobre la separación producción/reproducción

---

[4] Cisneros Abellán (2022).

y público/doméstico, al demostrar la importancia de la producción doméstica no solo interna, sino también para el mercado, como pasó con las excavaciones en Olinto por parte de Nicholas Cahill, que aportaron una enorme información sobre las casas griegas. Las habitaciones no solo eran flexibles en su uso y en quién las ocupaba, sino que en ellas la producción de textiles, productos agrícolas o cerámica ocupaba buena parte del espacio disponible[5].

Lo mismo ha ocurrido con los estudios sobre la prostitución y el espacio físico, que han desmontado mucho de lo que creíamos saber sobre los prostíbulos. En Pompeya, por ejemplo, más allá de los claramente identificados por los lechos de obra, hemos querido ver burdeles por la mera presencia de pinturas eróticas o distribuciones atípicas, que pueden responder a la configuración de casas de verano. Mientras, otras ciudades parecen ajenas a la prostitución por el simple hecho de carecer de estructuras identificables. Se abre así un campo en que podemos ser conscientes de que muchas de estas actividades no dejaban huella al ocurrir en espacios callejeros o casas privadas, mientras que hemos sobreestimado el número de burdeles por nuestros propios prejuicios[6].

La arqueología también nos ha servido para ver la discriminación o la menor consideración social de las mujeres en entornos que, si no, serían casi invisibles para las fuentes. Un buen ejemplo es el funerario. Eva Minten nos presentó un panorama desolador pero significativo[7]. Estudió la presencia de la infancia en los monumentos funerarios, un ámbito en el que, pese a la enorme mortalidad infantil, ya existía una subrepresentación. Ahora bien, en cuanto al género, todo se descompensaba aún más. Recogió trescientos sesenta y seis casos, entre los cuales solo cuarenta y dos eran de niñas. Eso es apenas un 11,5 %. Si nos vamos a los sarcófagos, un elemento especialmente asociado al prestigio y el poder, de doscientos setenta y siete monumentos, solo diecinueve habían sido hechos para niñas. En este caso no llega al 7 %.

Eso sí, los nuevos estudios y perspectivas también han contribuido a situarlas de nuevo en lugares en los que la arqueología tradicional tendía a ignorarlas. Los estudios sobre epígrafes fune-

---

[5] Picazo Gurina (2017).
[6] Manzano (2019).
[7] Minten (2002).

rarios, como los de Natalie Kampen o Silvia Median, han permitido visibilizar la existencia de mujeres griegas y romanas trabajadoras, además de cambiar la idea en torno a su consideración. No solo se trata de qué puestos ocupaban, sino también cómo se representaban de manera muy parecida a los hombres. Lo mismo pasaba con la religión, que parecía un espacio prácticamente vedado a las mujeres hasta que la arqueología ha permitido resituarlas y descubrir no solo su presencia en rituales comunes, sino también espacios propios, como banquetes y espacios femeninos. Como ya hemos dicho, también participaron en los sacrificios, tanto como oferentes como ejerciendo de sacrificadoras, algo que se escapaba de las fuentes y durante mucho tiempo se obvió, lo que nos vuelve a advertir del peligro de asumir que los silencios equivalen a la inexistencia[8].

Por supuesto las nuevas tecnologías han ayudado en estos estudios. Tenemos digitalizadas muchas de las inscripciones griegas y romanas, y pioneras como Beryl Rawson, ya en los setenta, empezaron a descubrir las ventajas de las bases de datos y el uso de la informática para reunir, analizar y agrupar este tipo de informaciones epigráficas, lo que permitió tener nuevas perspectivas sobre la organización de la familia y sus vínculos en el mundo clásico.

Ni siquiera la terminología para definir este campo ha sido algo sencillo. En algunos casos se ha usado, además de los términos de «nueva arqueología» o «arqueología procesual», el de «arqueología de la diferencia» para destacar la atención a colectivos minoritarios o minorizados, que impulsarían la arqueología de género, sobre todo en los países escandinavos y en Estados Unidos. No se puede pensar en las mujeres o las personas no blancas como «minorías» pero sí como grupos minorizados, es decir, aquellos que han sido conceptualizados como alteridad y situados como jerárquicamente inferiores en esas escalas que se creaban desde una visión eurocentrista, blanca y rica para ordenar el mundo y justificar el sistema[9]. También perdura un debate entre los términos *arqueología de género* o *arqueología feminista* y cada persona y región ha acabado adoptando sus propias convenciones. Tampoco está claro si debería ser incluida en la arqueología posprocesual, que se centra en la cuestión de la identidad. No son debates, por otro lado,

---

[8] Oria Segura (2010) y (2017).
[9] Edwards y McCollough (2007).

que tengan una respuesta cerrada, correcta o incorrecta y los debates sobre los límites, focos y sujetos siempre aportan matices interesantes[10].

Quizá sea en el ámbito de la Prehistoria donde más marcado ha sido el cambio en los últimos años. La constancia de una mayor igualdad y de una menor división del trabajo, con mujeres cazadoras y pintoras en cuevas, la revisión del significado de las conocidas como «Venus», nuevos planteamientos en torno a los cuidados y la reproducción social... así como un renovado interés por reconsiderar los orígenes de la desigualdad han preocupado a investigadoras como Almudena Hernando o Marga Sánchez Romero. Esta última ha participado en la creación de proyectos como Past Women (Mujeres del pasado), una iniciativa colaborativa que no solo ha buscado cambiar las perspectivas con las que miramos al pasado, sino también el imaginario colectivo en torno al mismo, con la producción de imágenes y recursos que permitan que estas investigaciones permeen a la sociedad de distintas maneras.

Como ya hemos visto en otros capítulos, el caso español no fue sencillo y ha llegado con algo de retraso en su institucionalización. Aunque la Universidad Autónoma de Barcelona fue pionera en la introducción de la arqueología de género en el *curriculum* académico, estamos hablando ya de los años noventa. De hecho, hasta 1997 no habría un curso de doctorado específico sobre arqueología de género (que no fuera sobre feminismo o historia de las mujeres en general), y el que surgió en la Universidad Complutense fue un poco un grito en el desierto. Al final, existe un círculo vicioso entre la dependencia del trabajo y esfuerzo personal de quien entra en un departamento concreto con una especialidad concreta, y la capacidad de atracción de nuevos estudiantes a esas especialidades. Nadie dijo que fuera fácil.

ENTRE ARMAS Y JOYAS

Vamos a partir de un ejemplo significativo, el de la Dama de Baza, aunque no sea romano. Esta escultura fue descubierta en el verano de 1971. Su cámara funeraria fue la 155, dentro de la necró-

---

[10] Cf, por ejemplo, Sánchez Romero (2005).

Figura 14. El caso de la Dama de Baza, conservada actualmente en el Museo Arqueológico Nacional de Madrid, revolucionó la forma de comprender los ajuares, no solo por demostrar que las tumbas femeninas podían llevar armas, sino por plantear la posibilidad de que las masculinas que las contenían no tenían por qué haber hecho un uso activo de ellas. Fotografía de Santiago Relanzón.

polis del Cerro del Santuario, en la ciudad que le da su nombre. Francisco Presedo estaba emocionado, no solo por la escultura en sí, sino por el magnífico ajuar que la acompañaba. Entre otros objetos, se habían depositado varias piezas cerámicas, unas fíbulas, una concha y un dado... y un conjunto metálico que parece responder a cuatro panoplias. Es decir, cuatro conjuntos de armas, a falta de uno. La excavación no solo fue modélica, sino que ciertos análisis, como los de los pigmentos, eran más que novedosos. La escultura funcionaba como urna, esto es, los restos de la persona enterrada descansaban en ella. Dado el ajuar, en palabras de Presedo, «la tumba es indudablemente la de un guerrero, como lo atestiguan sus armas; la estatua que sirve de urna es femenina. Tenemos que admitir, pues, que se trata de una divinidad protectora de la vida del difunto» y, poco después, afirmaba que «estamos seguros de que la tumba número 155 corresponde a un régulo o caudillo bastetano»[11].

Y así quedó la cosa. Sin embargo, en los años ochenta, José Manuel Reverte Coma presentó un estudio que desataría la polémica. Los restos de la tumba eran femeninos. Con más o menos reticencias había que aceptar la evidencia. Aun así, hubo que confirmar las conclusiones con otro estudio ya en los dos mil. ¿Y ahora qué?, se preguntaron. La teoría del príncipe guerrero se iba por la borda. Pero no solo hubo que replantear que, a lo mejor, las armas formaban parte de ajuares de prestigio (porque, en este caso, parecía complicado hablar de mujeres guerreras en una sociedad como la íbera), sino replantear completamente cómo se habían hecho y pensado estos temas.

Quizá lo de clasificar solo por el ajuar no era una buena idea. Quizá los hombres con armas tampoco tenían que haber sido guerreros ellos mismos. Y entonces llegó Coimbra del Barranco Ancho, en la región de Murcia. Y las tumbas empezaron a mirarse con otra perspectiva. Lo primero que se constata es que muchas de esas tumbas no pueden identificarse con seguridad, algo que tal vez sorprenda en un mundo de series en el que con ver medio centímetro de costilla ya se deduce que es una mujer de treinta años tenista que tenía un cáncer de hígado. Sin embargo, en el mundo real las cosas son más complicadas, no solo por la degradación de los res-

---

[11] Presedo (1973).

134

tos, sino porque, en general, los indicadores no son ni completamente fiables ni tan obvios. Pero algunas tumbas sí pudieron ser identificadas y aquí llega la sorpresa[12]. Entre un 9% y un 13% de las tumbas armadas eran femeninas. No solo eso, sino que eso suponía que entre el 15% y el 20% de las tumbas femeninas tenían armas. Aun así, se sigue tendiendo a encontrar explicaciones alternativas a esta presencia de armas en tumbas femeninas. En El Cigarralejo se especula con que la punta de flecha de una tumba femenina fuera la causa de su muerte o un amuleto. Además, ante la duda, en los casos poco claros se sigue determinando el género de la persona enterrada básicamente por el ajuar.

Lo mismo sucedió en la Inglaterra anglosajona cuando Sam Lucy estudió una serie de necrópolis en las que se habían asociado joyas a tumbas femeninas y armas a masculinas, sin mayor análisis, ya que no eran ajuares que aparecieran mezclados. Sin embargo, de nuevo, aproximadamente un 12% de las tumbas armadas eran femeninas y un 15% de las que tenían joyas eran masculinas[13].

Esto nos lleva a Birka, en Suecia, una necrópolis vikinga del siglo X d.C. aproximadamente, en la que se excavó una tumba, la Bj 581. Otra vez aparecía lo que tenía que ser un guerrero, con su carro, sus armas y su juego de estrategia. Otra vez análisis posteriores demostraron que el esqueleto era femenino. ¿Cuántas más tumbas en que los restos están demasiado deteriorados como para hacer pruebas fiables estarán catalogadas erróneamente? ¿De verdad sabemos a qué responden los ajuares que analizamos?

La Prehistoria también es rica en estos casos. La mujer de Barum, cuyo esqueleto se conserva bastante bien, fue asumida como hombre porque tenía herramientas de caza y pesca. Lo curioso es que ha habido que demostrar, antropológica y arqueológicamente, que las mujeres cazaban. No solo lo siguen haciendo en muchas comunidades actualmente, sino que las armas aparecen constantemente en las tumbas prehistóricas. Sin embargo, nunca nadie sintió la necesidad de demostrar lo contrario, que solo ellos cazaban o que las armas solo aparecían en las tumbas de ellos. Simplemente se dio por supuesto.

---

[12] Subirá, Ruiz, García Cano y Gallardo (2008); Gualda Bernal (2017).
[13] Lucy (1996).

Figura 15. Este boceto, hecho por Hjalmar Stolpe y publicado en 1889, muestra la tumba Bj581, que se consignó como la de un «guerrero» hasta los análisis de ADN de 2017, hechos por Charlotte Hedenstierna-Jonson. Pese a que se discute si era efectivamente o no un guerrero, claramente se la enterró como tal. En H. Stolpe, «Ett och annat på Björkö», *Ny Illustrerad Tidning* 25 (1889), pp. 4-16.

Un caso más curioso nos hace retroceder un poco, a una época en la que ya teníamos romanos por el mundo pero todavía no eran el imperio que conocemos y los celtas aún campaban a sus anchas. Dos necrópolis, en Vix y en Bad Cannstatt, presentaban tumbas que hicieron correr ríos de tinta. La de Vix era enormemente lujosa, con piezas importadas de Grecia o la Península ibérica, con joyas y vajilla de plata y bronce. Muy rico, pero todo gritaba mujer en el mismo. Sin embargo, ¿cómo iba a ser de una mujer si era tan maravilloso? Así que la solución de Konrad Spinler fue pensar que sería un sacerdote travestido. Algo parecido pasó en Bad Cannstatt, con tumbas que mezclaban joyas y armas, que Ludwig Pauli interpretó como guerreros travestidos. Otra tumba, en Kleinaspergle, aún desata debates porque, aunque el ajuar tiene características femeninas, tiene restos de bebidas alcohólicas y cuernos de beber, ¿y cómo iban a beber las mujeres[14]?

Por cierto, el esqueleto de Vix no estaba bien conservado en general, pero sí eran analizables cráneo y pelvis. Aunque el consenso fue que era femenino, se destacó que la pelvis era bastante andrógina y se expresaron dudas hasta los análisis de ADN. Curiosamente, en sociedades en que claramente existen terceros géneros, estos tienden a no verse ni buscarse. Los prejuicios pueden ser terribles y crear monstruos en la arqueología, y la negativa a considerar que las mujeres pudieran ejercer poder es uno de los prejuicios más asentados.

En ocasiones, los monstruos no llegaron a aparecer y simplemente se aceptó un cambio de esquema, como sucede con una tumba griega del siglo IX a.C. en el Areópago, en la que, pese a que los análisis han demostrado que pertenece a una mujer embarazada, la tipología cerámica de la urna parecía asociarse claramente a los hombres en dicho periodo. En este caso, sorprendentemente, el investigador decidió reconsiderar la asociación de ciertas tipologías al género[15].

Volvemos al mundo romano con otra tumba que nos plantea preguntas sobre nuestra propia visión del mundo y su coincidencia con el pasado. Una excavación en Harper Road descubrió la tumba de una persona que había sido enterrada con cerámica y un es-

---

[14] Arnold (1991).
[15] Liston y Papadopoulos (2004).

pejo. En principio se consideró una mujer. Posteriores análisis dieron como resultado una genética XY, aunque también esto está en cuestión hoy. ¿Resultado? No solo no tenemos ni idea de si era considerado un hombre o una mujer, sino que otros estudios han cuestionado, en esta zona, la asociación entre espejos y feminidad. ¿Pudo haber un fallo en los análisis? ¿Una realidad de fluidez en el género? ¿Un caso de intersexualidad?

También los esqueletos tardoantiguos, conocidos como «los amantes de Módena», que aparecieron enterrados con una actitud cariñosa, con uno de los cuerpos tocando la barbilla del otro y las manos entrelazadas, fueron calificados de «amantes», presuponiendo una relación heterosexual. Esta vez los arqueólogos fueron prudentes e insistieron en que no se conocía el sexo. Resultó, de nuevo, un prejuicio, y ambos esqueletos eran masculinos. ¿Eso quiere decir que han dejado de ser amantes? ¿Cambiamos nuestra percepción de la relación o la abrimos a otras posibilidades más allá de una pareja normativa[16]?

Incluso en una sociedad en la que nos parecería tan fácil un análisis básico de una tumba, las cosas siempre son más complicadas. Hay que tener en cuenta que no solo la existencia de géneros no binarios nos complica el estudio y la identificación en arqueología (sobre todo cuando no se ha querido mirar), como en el caso de los escitas, sino también la propia complejidad del género. Las transgresiones y la interseccionalidad complican no solo la interpretación de las fuentes, sino también un estudio de la cultura material en el que tendemos a generalizar y no observar las particularidades individuales.

ARQUEOLOGÍA Y REPRESENTACIÓN

La arqueología de género necesitaba un cambio del marco teórico y metodológico que implicara la deconstrucción de los sesgos androcéntricos y heteronormativos. Eso ha incluido también deconstruir el lenguaje que utilizamos al referirnos al pasado o los prejuicios sobre el mismo, así como la propia musealización. Aquí entra, además, la importancia de la transmisión de la información:

---

[16] Vazzana *et al.* (2015); Herrán Subiñas *et al.* (2021).

¿de qué sirven los cambios y avances (con todas las precauciones respecto a la palabra) si se quedan en una burbuja académica? La musealización supone uno de los engranajes clave para una educación histórica accesible a todo el mundo.

Un cambio social influye en un cambio de representación, y lo mismo sucede al revés, en un círculo en el que es complicado distinguir del todo causas y consecuencias. Quizá el mejor ejemplo sea el de cómo los neandertales han pasado de ser imaginados básicamente como monos hasta casi como humanos actuales. Las nuevas imágenes y esculturas destacan nuestra cercanía e, incluso, se han realizado *performances* en que se les muestra vestidos con moda actual. No es una modificación baladí, lo que hay de por medio es todo un cambio en nuestra concepción de la humanidad, las especies y la hominización.

Diferentes estudios han ido analizando cómo la representación del pasado, sobre todo en el caso de la Prehistoria, reproduce tópicos presentes más que lo que realmente sabemos del pasado. Las mujeres tienden a no hacer nada o cargar con los niños, el mito del cazador de mamuts, la evolución del hombre como, efectivamente, un hombre no «masculino genérico», sino como varón, las mujeres alejadas de la producción... ¿Habéis notado cómo la recolección se considera algo naturalmente femenino, pero, cuando pasa a ser agricultura, algo considerado básico para la supervivencia, de repente aparecen los hombres en las representaciones? No es algo casual y, de hecho, el gran prehistoriador Gordon Childe despreciaba como banal esa recolección, precisamente al considerarla femenina, cuando, en realidad, era la base de la alimentación. Posteriormente, como mucho, se asociaría a las mujeres a los huertos[17].

Asimismo, incluso en cuestiones descriptivas de especies, el concepto de «evolución del hombre» sigue siendo un masculino no genérico. Ni siquiera las nuevas reformas en distintas instituciones, para modernizar la manera de exponer las colecciones permanentes, como las del Museo Arqueológico Nacional o el de Oviedo, llegan a una paridad, aunque hay que reconocer el esfuerzo en cambiar la visión y representar mujeres en roles de los que tradicionalmente se las excluía en los paneles, como en la pintura o la caza. Ya en su época el trabajo de algunas investigadoras, como María

---

[17] Véanse las reflexiones de Díaz-Andreu (2005).

Ángeles Querol, se plasmó en cambios significativos en algunas exposiciones, como la de «Bifaces y Elefantes».

No se ha hecho tanto, quizá, en otros ámbitos y las musealizaciones sobre el mundo clásico siguen pecando de inercias que sería conveniente, al menos, analizar y, con suerte, ir cambiando. ¿Cuántas mujeres herreras, empresarias o alfareras vemos en los paneles que nos muestran reconstrucciones de la sociedad romana? ¿Cuántos sacerdotes de Cibeles vestidos de una manera femenina? ¿Cuántas parejas homosexuales? ¿Cuántos niños trabajando? ¿Y jugando? La representación del pasado no solo crea imaginario colectivo, sino que también se alimenta del mismo, reproduciendo valores actuales.

En algunas ocasiones, las colecciones romanas también han mantenido mucho más una forma de exponer «clásica», muy centrada en las piezas, frente a otros periodos en los que parecía más necesaria una explicación visual. Sin embargo, incluso en esto la primacía de ciertas piezas sobre otras, más cotidianas, o la forma de agruparlas tiende a invisibilizar ciertos sectores sociales. No son pocas las veces en que los escasos esquemas disponibles y que explican, por ejemplo, los diferentes estratos sociales tienden a ilustrarse con un número significativamente mayor de hombres que de mujeres.

En esta creación de un imaginario particular sobre el mundo clásico no ha influido solo el ámbito más académico, de museos, libros de texto o exposiciones, sino también el mucho más popular del cine, las series o las novelas. La imagen de unos y otros permea constantemente, y tiende a reproducir tópicos. No en vano, la música de *Gladiator* suena en algunos audiovisuales de museos.

Estos factores han tendido a crear un sistema de ideas que justifica la infrarrepresentación. Muchas veces se ha pensado que, si las actividades económicas de las mujeres eran relevantes para el grupo, serían reconocidas (y, por tanto, representadas, tanto ayer como hoy), cuando la práctica nos avisa de que, en realidad, muchos de esos trabajos eran invisibilizados o los malinterpretamos. Así, podemos ver que hoy un ama de casa puede decir que «no trabaja», o que se subestiman los trabajos de reproducción y domésticos. Lo doméstico ha entrado en el ámbito del «no trabajo» o se ha considerado un deber de las mujeres, incluso de las que podían permitirse, en efecto, no trabajar, como pasa en Grecia y Roma con el trabajo de la lana.

Mientras que siempre se ha asociado la caza, la guerra, la política y la producción a un prestigio masculino, y se ha buscado la presencia y agencia de las mujeres en esos ámbitos, nos queda aún mucho camino para acabar con la infravaloración de las actividades consideradas femeninas. Es decir, no se trata solo de demostrar la participación de las mujeres en tareas como la caza (es curioso que nunca hay que demostrar que los hombres cazaran, sino que siempre se ha dado por supuesto), sino también destacar que actividades consideradas femeninas, como la recolección, suponían, en realidad, la mayor parte del aporte alimenticio en muchas sociedades.

Lo mismo es aplicable al mundo más clásico, al de las mujeres griegas y romanas. Si bien es necesario destacar la existencia de trabajadoras en casi cualquier ámbito (en todos, en realidad, en los que no estuvieran vetadas), también es necesario revalorizar los trabajos domésticos y de producción a pequeña escala que realizaban las mujeres en los hogares, fueran esclavas o libres.

UN INCISO IMPORTANTE

Una parte importante de la transformación en la arqueología que ha llevado al cambio de perspectiva en la misma ha sido la incorporación, como en la historia, de arqueólogas a las instituciones.

No ha sido una tarea fácil, como tampoco lo fue para las historiadoras, y los estudios nos demuestran que no solo disminuye su número cuando hablamos de cátedras, sino que en el trabajo de campo han sido tradicionalmente relegadas a tareas de laboratorio u otras menores. Es evidente que está cambiando, aunque haya estudios recientes que nos recuerden que aún hay problemas evidentes de abusos de poder e, incluso, acoso sexual.

Joan Gero, por ejemplo, destacó cómo las mujeres no solo podían publicar menos, tanto en libros como en artículos, sino que seguían teniendo que acudir a las conferencias y congresos en las secciones en que se pedían contribuciones, por lo que podían presentar sus propuestas, pero estaban totalmente infrarrepresentadas en las ponencias invitadas, que eran elección de los comités organizadores. Además, al estar excluidas de la dirección de proyectos, estaban también excluidas del ciclo de financiación, tan importante en el ámbito anglosajón, lo que creaba un círculo vicioso[18].

Un informe de 2018 en España destacaba cómo el porcentaje de acoso en el ámbito de la arqueología y la Academia dista de ser pequeño y, lo que es más preocupante, una inmensa mayoría de veces queda sin consecuencia. La rígida jerarquía y las dinámicas de poder no favorecen que el alumnado (sobre todo mujeres) pueda oponerse o denunciar de forma efectiva estas dinámicas[19]. A resultados y conclusiones similares llegó otro estudio de 2023, esta vez de ámbito europeo[20].

Asimismo, no solo ha habido una batalla en la incorporación a las instituciones y las excavaciones en igualdad de condiciones, sino que también ha habido que realizar una labor de rescate de los nombres de las grandes pioneras, que han tendido a caer en el olvido, como sus compañeras científicas o inventoras. Parte de la representación y el cambio de mentalidad que se han señalado anteriormente es también pensar en mujeres cuando hablamos de la historia de la arqueología.

Nombres como los de Jane Dieulafoy, Dorothy Garrod, Gertrude Bell, Kathleen Kenyon, Margaret Murray o Encarnación Cabré Herreros aún son mucho menos conocidos que los de sus pares varones. La labor de difusión en este campo que se realiza desde la Academia, la divulgación y las instituciones es básica para dotar de referentes en femenino a las nuevas generaciones.

---

[18] Gero (1993).
[19] Coto-Sarmiento *et al.* (2020). 3
[20] Coltofean-Arizancu *et al.* (2023),.

6. Buscando el espejo

En los últimos años, en un mundo poliédrico, la historia también ha reflexionado sobre aspectos más complejos. A lo largo del siglo XX, sobre todo en su segunda mitad, se crearon nuevas categorías de análisis y perspectivas que nos permitieron no solo ver a las mujeres del mundo clásico, sino también entender su forma de moverse en el mundo, sus luchas, su poder y su opresión. Con la entrada del siglo XXI, nuevos debates y preguntas marcan también la apertura de nuevos caminos y ámbitos. Asimismo ha cambiado nuestra forma de relacionarnos con esas mujeres, de recordarlas y de divulgar su vida, cómo nos vemos a través de ellas.

Emilia Hilaria fue una médica romana. La conocemos porque Ausonio, en sus *Parentalia,* elogió su dedicación a su arte. Ahora bien, también nos dijo que nunca quiso casarse y que siempre se comportó como un muchacho. No sabemos qué sentía Emilia Hilaria, pero podemos intuir que no siempre la feminidad iba cómo los romanos pensaban que debía de ir. Plinio nos decía que sabía de un tal Aresconte, que había sido llamada al nacer Arescusa. También comentaba que los casos de intersexualidad, que antes habían sido considerados prodigios, en su tiempo eran poco menos que curiosidades. No siempre era cierto y tenemos algún testimonio de cómo, ante tragedias, se les usaba de chivos expiatorios; por ejemplo, el caso que cuenta Tito Livio en que se sacrificó a un niño ya de doce años en Umbria en una época de crisis. Pero, de repente, asomaba un mundo más complejo de lo que habíamos pensado.

Tambien asomó una forma diferente de situarnos en la historia, de divulgarla y de contarla. Definitivamente, la historia, de una forma u otra, siempre cambia.

UN MUNDO MÁS ALLÁ DEL BINARISMO

De nuevo vamos a alejar un poco el foco del mundo clásico para echar un vistazo a otra cultura, la del vaso campaniforme, una cultura prehistórica que tuvo su auge cuando Roma no era ni siquiera una idea y apenas coincidió, en el mejor de los casos, con el inicio de los palacios minoicos. Se expandió por casi toda Europa, incluida la península Ibérica, en la que encontramos muchos ejemplos de esa cerámica tan característica que da nombre a la cultura.

Os preguntaréis por qué nos vamos tan lejos en el tiempo. Sin embargo, lo hacemos por una buena razón, ya que nos permite reflexionar sobre el análisis de cómo el género no siempre es lo que pensábamos. Los arqueólogos, como ya vimos que pasaba en el mundo ibérico o en el vikingo, tenían bastante claro cómo la gente de la cultura del vaso campaniforme enterraba a su gente. Parecían claras las diferencias entre hombres y mujeres, y, esta vez, las diferencias, como en Roma, parecían suficientemente significativas en postura, ajuar y forma de enterramiento como para no pensar en prejuicios. Sin embargo, algunas necrópolis, como las de Moravia-Hotice I o Vikletice, deparaban algunas sorpresas[1].

En la primera, cuando se analizaron los restos de 21 tumbas infantiles (de las únicas que se pudo sacar ADN viable, que no siempre es fácil), los resultados no fueron los esperados. De los catorce individuos enterrados a la manera masculina, dos correspondían a niñas. De los siete restantes, enterrados en una manera considerada femenina, solo una era una niña. La edad, en este caso, parece desempeñar un papel fundamental en la asociación de un género o, más bien, en la exclusión de un género normativo. También surge la pregunta de dónde están enterradas la mayoría de niñas o si, incluso, se enterraban de forma habitual.

La necrópolis de Vikletice deparó otro caso particular, el de una persona de unos cincuenta o sesenta años cuyos análisis mostraban un sexo masculino, pero cuyo ajuar y forma de enterrarse eran esencialmente femeninos. De nuevo, más preguntas que respuestas. Quizá un caso de intersexualidad o de fluidez de género acep-

---

[1] Turek (2016).

tada con normalidad. Respecto a esto último, puede que también influya la edad. En algunos pueblos de la zona se puede cambiar de género en la vejez, para modificar los roles.

Lo que parece claro es que, en los últimos años, la arqueología está prestando más atención a una diversidad que antes se había ignorado, y la complejidad del género va asomando incluso en culturas en las que el binarismo parecía asentado. La intersección con factores como la edad, el estatus social o la religión empieza a pintar un panorama complejo y rico en matices.

Algo similar ocurre con las vestales en Roma, que han sido objeto de atención precisamente por lo extraño de su figura. En un mundo que no apreciaba excesivamente la virginidad, estas seis sacerdotisas no solo tenían que serlo, sino que, a diferencia de la mayoría de sacerdocios romanos, ni funcionaba en pareja ni podía perder nunca la virginidad. Era un sacerdocio tan extraño que ya los propios romanos se plantearon las causas, con explicaciones que respondían más a un intento de cuadrar cosas que a una visión histórica[2]. Los estudios sobre la corporalidad o sobre la liminalidad[3] en que situaba a las mujeres la virginidad, han ayudado a arrojar algo de luz, aunque, al igual que en la cultura del vaso campaniforme, probablemente siempre tengamos más preguntas que respuestas. Como las vestales, por ejemplo, Ártemis era una diosa, pero ajena a todo lo considerado propiamente femenino. Por ello mismo protegía el parto y a las muchachas mientras no se hubieran casado y pasado a formar parte del grupo de las mujeres. Era una diosa de lo salvaje y lo peligroso, que traía la muerte y la vida. Al igual que ella, las mujeres sin «domesticar», como la naturaleza salvaje, podían ser causa de desastre.

Las vírgenes vestales también se han estudiado comparativamente con las vírgenes juradas albanas. Estas, mediante una renuncia a la sexualidad y al matrimonio, es decir, a lo corporal de ser mujer, pasaban (y pasan) a ser consideradas, a todos los efectos, como hombres por sus comunidades. También las vestales se situaban en el no espacio permanente de salir del género, vistiendo en muchos sentidos como una novia, que está en el intermedio entre

---

2 Lorsch Wildfang (2006).
3 La liminalidad es el concepto de estar situado en un umbral o frontera, lo que también abarca los márgenes, reales o simbólicos, de la propia sociedad.

la muchacha y la casada, y adquiriendo, al salir de sus familias y su género, derechos que tradicionalmente correspondían a los hombres. Ambas, vestales y vírgenes juradas, se enfrentaban a la muerte en caso de romper su juramento. Todos estos casos nos hablan, como desarrollaría Judith Butler, de cuerpos socialmente construidos. Esta autora nos recuerda que, en el concepto de sexo/género que hemos creado, no solo el género es social, sino que nuestras ideas sobre biología, ciencia, sexo y corporalidad también se ven atravesadas y permeadas por nuestros valores y prejuicios corporales. Incluso en sociedades como la griega o la romana, que parecen rígidamente binarias, los estudios nos dejan ver cómo hay mucha más fluidez y flexibilidad de lo que podría parecer en un principio. No solo aceptaban que otros pueblos, como los escitas, tuvieran más de un género, sino que se admitía la capacidad humana para oscilar entre un género u otro, se reconocía la intersexualidad (aunque muchas veces como un prodigio o con miedo) o la capacidad de ciertos individuos de salir del género, como los sacerdotes de Cibeles, mediante la castración.

Estos estudios, relativamente nuevos, aunque haya habido trabajos pioneros ya en los setenta y ochenta, se están desarrollando ahora de una forma muy amplia y abarcan todos los aspectos de la vida, de la más cotidiana a las etnografías. Aun así, quizá en este último tema los estudios coloniales contemporáneos han abierto caminos que aún los estudios clásicos no han recorrido. Cómo las potencias coloniales impusieron su propia visión de lo que era el género y la familia o las consecuencias en las sociedades colonizadas son algo, evidentemente, más fácil de estudiar en comunidades que aún tienen una memoria viva de esos hechos. Sin embargo, también depende, como con todo, de qué preguntas quieran hacerse a esa memoria y cómo percibimos cuestiones como la etnicidad, la guerra, la violencia o las relaciones de poder.

Allison Surtees y Jennifer Dyer coordinaron en 2020 una obra colectiva, *Exploring Gender Diversity in the Ancient World* (*La diversidad de género en el mundo antiguo*), que explora diferentes casos de intersexualidad, fluidez, realidades trans o transgresiones desde la medicina, la religión, la literatura o la política. Hay que tener en cuenta que, cuando queremos acercarnos a las mujeres de otra época, a sus vivencias y experiencias, con una falta casi total de voces propias, los casos de transgresión y de ruptura de las normas de género nos ayudan casi más que unas normas que constriñen, pero cuyos límites siempre se están forzando.

La religión, en este caso, ha sido un campo especialmente fértil para estas nuevas perspectivas, un campo en el que todo puede ser y las explicaciones de las sociedades no necesitan ajustarse a nada más que sus propias ideas. En este sentido, por ejemplo, se ha destacado cómo algunas deidades no solo se alejan del concepto tradicional de género, sino que oscilan entre un género y otro. Atenea, por ejemplo, aunque es concebida como una diosa y, por tanto, femenina, ocupa el espacio masculino en todo. No solo por ser una diosa guerrera, sino por su propia actitud y forma de habitar en el mundo. Ártemis, de igual manera, como acabamos de indicar, ocupa un no espacio, tanto en su aspecto de diosa de lo salvaje y la caza, ajena a la civilización, como en el de protectora de las jóvenes, ya que la virginidad y la ausencia de matrimonio las sitúan en el espacio sin civilizar, un lugar peligroso para la comunidad.

Nicole Loraux destacó, además, cómo estas deidades se perciben también como ajenas a un cuerpo, y esto es también un no espacio para la comunidad. Así, la pérdida de visión de Tiresias, por ejemplo, al ver a Atenea sin velos o las tristes maneras de morir de los cazadores que veían a Ártemis desnuda no serían tanto castigos como una consecuencia inevitable de la visión de la nada. En *Las experiencias de Tiresias* y en *Nacido de la tierra* nos habla de que no solo el mundo griego tiene una teórica separación muy rígida entre los sexos, pero un fluir mucho más continuo en la práctica, sino cómo parte de este fluir viene también del deseo de la masculinidad de apropiarse de la reproducción, en sentido físico y simbólico[4]. Un Zeus que pare a Atenea y Dionisio (curiosamente dos deidades ambiguas), o las personas nacidas de la tierra tras el diluvio o en los mitos fundacionales de las ciudades nos hablan de algo mucho más profundo que la supuesta «envidia del pene» freudiana.

De hecho, resulta curioso como *parens*, en latín, se refiere tanto a la parturienta como al padre, o a los ascendientes por vía masculina. Legalmente, incluso, los hijos solo tenían un vínculo directo con el padre, mientras que el parentesco con la madre era similar al de un sobrino. La diferencia entre cognados y agnados restaba

---

[4] Véase lo dicho en pp. 77-78.

importancia a la maternidad biológica frente a un vínculo legal y social considerado más importante.

También se ha explorado, tanto por la misma Loraux como por Forma Zeitlin, por ejemplo, el valor simbólico de los diversos rituales de inversión y el travestismo en el mundo antiguo. Así, los efebos en muchos sitios vivían un tiempo como mujer antes del ritual de paso a la edad adulta, y las novias espartanas se vestían como los efebos cuando iban a casarse. Lo mismo pasaba con festividades como la *Hibristiká* argiva, en la que los distintos géneros se intercambiaban.

Así pues, de una visión del género más reduccionista se ha pasado a un estudio más amplio y fluido, en que las transgresiones, excepciones, usos de la inversión, aspectos religiosos y sociales son una parte importante de la investigación.

VOLVER A LAS EMOCIONES Y EL CUERPO

Todas estas nuevas corrientes y aproximaciones han hecho que, como con el estudio de la sexualidad, se vuelva de nuevo al cuerpo y la emoción, a lo más elemental y básico de cada sociedad. Un paso importante ha sido empezar por entender que los cuerpos no son elementos neutros, sino que están atravesados por las prácticas culturales, que los moldean y cargan de significado.

Quizá sea más fácil verlo con elementos ajenos a lo que consideramos «nuestra cultura», como los pies vendados en China o las modificaciones corporales en otras comunidades. Pero incluso afecta a cómo se desarrolla el dimorfismo. Foucault y Bourdieu acuñaron términos como *biopoder* y *habitus* para estas ideas sobre cómo el poder y la sociedad conforman y atraviesan nuestros cuerpos; quizá sean de los términos más repetidos, pero también más complicados de entender o definir. Por ello vamos, de nuevo, con algunos ejemplos.

Las excavaciones en la necrópolis de Bab edh-Dhra (un asentamiento de muy larga duración cerca del mar Muerto), por ejemplo, demostraron que, durante el Bronce inicial, el dimorfismo se redujo drásticamente, lo que se ha atribuido a un cambio en los roles de género y un incremento de la actividad física en las mujeres[5]. Algu-

---

[5] Peterson (2000).

nos estudios muestran también cómo la forma de la pelvis puede variar dependiendo de la actividad física de la persona, de cuándo ha empezado a andar o de la alimentación que ha tenido. Así, por ejemplo, la forma androide (que se ha considerado típicamente masculina) se encuentra a menudo en mujeres que han tenido un ejercicio físico duro y continuado en la adolescencia, y la forma platipeloide, en los niños que han empezado a andar antes de los catorce meses, mientras que la androide en los que lo han hecho después. En este caso, usamos «niños» como masculino genérico, ya que afecta a cualquier género[6].

Cómo afecta esa cultura a cómo se concibe la comida, y los discursos en torno al género son especialmente importantes en el mundo clásico. Al igual que en época contemporánea se ha estudiado cómo influyen en las mujeres la cultura de la dieta o las ideas en torno a la belleza (por ejemplo, con modelos como la belleza *heroin chic*, que tanto influyó en el auge de la anorexia y otros trastornos de la alimentación), también los discursos en torno a la moral y la belleza atañen a los cuerpos en el mundo clásico.

Si ha habido algo común a las comunidades y sociedades del mundo clásico ha sido la subalimentación de las niñas y mujeres. No es algo raro, en muchas sociedades las mujeres reciben menos alimentos y de menor calidad, e incluso comen después que los hombres (quizá sería conveniente, en este punto, escuchar a nuestras abuelas, sobre todo las de zonas rurales). Los discursos morales en torno a la frugalidad, que afectaban, por ejemplo, al consumo de carne, eran bastante comunes en Roma, y las *Institutiones Alimentariae,* destinadas al reparto de comida para la infancia, daban preferencia, normalmente, a los varones, proporcionando alimentos para ellos en mayor cantidad y hasta una edad bastante más avanzada[7]

En algunos casos, la violencia y subalimentación de las mujeres se camuflaban bajo las acusaciones de glotonería, que también afectaban a los esclavos. Ateneo, en su *Banquete de los eruditos,* en la sección dedicada a la mujer, comentaba cómo las prostitutas hacían «ovillos» de puerros a escondidas, mientras fingían coger solo pequeñas porciones de comida para poder echarse algo al estómago. Por supuesto, lo hacía como crítica, sin contar con el hambre

6 Leong (2006).
7 Duncan-Jones (1964). Cf. también Garnsey (1999).

de unas mujeres esclavas, infraalimentadas, que tenían que beber demasiado para complacer a clientes que muchas veces ejercían violencias sobre ellas[8.]

En las llamadas a una alimentación igualitaria, incluso entre las niñas de los estratos más altos de la sociedad, o las referencias a sociedades que alimentaban bien a las mujeres, como la espartana, se mezclaba una mezcla de asombro y utopía. En ningún momento se pretendió que, efectivamente, las mujeres comieran como los hombres. Todo ello se justificaba, como pasa en todas las sociedades, mediante un complicado edificio ideológico cuyos cimientos eran la ciencia y la medicina. Una parte importante de no haber visto a nuestras griegas y romanas en la historia también consiste en no haber visto cómo la sociedad las «construía».

En este punto confluyen corrientes como la historia de la medicina y la historia de género, que han ido intentando responder a una miríada de preguntas. No solo cómo se concibe el cuerpo o cómo se controla, sino también, por ejemplo, cómo se conciben las enfermedades consideradas femeninas, como la histeria. Esta última ha sido uno de los elementos más persistentes en la construcción de una idea de lo «femenino», precisamente porque se ha ido transformando cuando han cambiado el resto de ideas. La primera idea, la del útero errante (cuyo mayor exponente lo encontraríamos en los escritos de Platón), que causaba sofocos y muerte, fue sustituida por una enfermedad nerviosa y luego por la «movilidad» de los deseos. Llamamos a todo «histeria» pese a que ninguna de las histerias se parece a la siguiente porque todas eran, en el fondo, enfermedades sociales, concebidas para patologizar la incomodidad de la mujer con ciertas normas, reacciones físicas que no podían explicar o la somatización de otros sufrimientos.

Un buen ejemplo de la asociación entre enfermedad, cuerpo y moralidad puede encontrarse en la reflexión de Séneca sobre la afirmación hipocrática de que las mujeres no padecían ni calvicie ni podagra. En el texto se une la fuerte autoridad concedida a algunos de los médicos más conocidos, como Hipócrates, con la crítica social a las costumbres de la época. Séneca no duda de la afirmación hipocrática, aprovechándola para insertar el elemento moral sobre el exceso. Así, no habría cambiado la naturaleza feme-

---

[8] Ateneo, *Deipnosofistas*, 571e-572a.

nina, sino que se habría «debilitado, porque, habiendo igualado a los hombres en libertinaje, los han igualado también en sus enfermedades corporales»[9]. Esto es especialmente visible en el caso de la calvicie, que, aunque no supone dolor o incomodidad física alguna, ni un problema realmente de salud, sí que resulta en un elemento socialmente incómodo. A la cuestión de los cánones estéticos se añade la posibilidad de un ataque moral, especialmente peligroso en el caso de las mujeres, que se convierte claramente en un factor político.

El párrafo siguiente desarrolla este concepto de forma aún más dura y habla de mujeres tan borrachas que acaban vomitando y tan glotonas que acaban teniendo que consumir hielo por la acidez de estómago. Aún más curioso, habla de mujeres que no solo son activas en el sexo, sino que penetran a los hombres. Quizás aquí habría que reflexionar sobre la posibilidad del uso de juguetes sexuales y de una sexualidad que iba mucho más allá de lo que las fuentes nos suelen dejar ver, y de hombres que no tenían tantos problemas con resultar pasivos, por mucho que le horrorizase a Séneca.

Rebeca Flemming es una de las mayores expertas, junto con Monica Green, Lesly Dean Jones o Helen King, en ciencia y medicina en el mundo clásico, con una clara perspectiva de género. Cuando escribió su obra sobre mujer y medicina romana, la empezó diciendo que tenía que ser no solo una obra sobre la agencia de las mujeres en la medicina o sobre las romanas como pacientes, sino también sobre cómo afectaban a su posición en el mundo el discurso médico y la interrelación de todo lo anterior. Como ya vimos cuando hablamos de sexualidad y control de la natalidad, ha sido complicado encontrar el equilibro en este sentido. Un equilibrio que no romantice y cree cuentos de mujeres sabias y persecuciones del saber popular, pero que tampoco ignore la agencia femenina en la creación de conocimiento. Un equilibrio que nos permita ver cómo los cuerpos son de todo menos algo meramente natural, que se controlan, fetichizan, castigan y usan. Igual que hoy, por otra parte.

Pero si había algo que definía, para griegos y romanos, el cuerpo femenino –además de ese útero errante que podemos ver en los exvotos del mundo clásico en forma de úteros-peces–, era la menstruación. Las mujeres del mundo clásico eran concebidas como

---

9 Séneca, *Epístolas morales a Lucilio,* XV, 95, 20.

seres incompletos que, por tanto, no podían procesar todo el alimento y necesitaban expulsar el residuo acumulado. La naturaleza es sabia, diría Galeno, y ese sobrante serviría para alimentar al feto y luego, en forma de producción de leche, al bebé... pero seguía siendo un residuo. Esa idea creó todo un concepto de menotoxicidad que se unió al de impureza judío para cristalizar en una serie de tópicos que han llegado hasta nuestros días. Las mujeres se volvían venenosas en el imaginario y la ciencia. Autores como Aristóteles o Plinio achacan a la sangre menstrual la capacidad de estropear espadas y espejos, matar pequeños animales y destruir las abejas y las colmenas, causar la rabia en los perros o provocar abortos. Incluso, en algunos casos, podían cambiar el tiempo. Era un ingrediente básico para la magia y ciertos remedios. La sangre menstrual era peligrosa y contaminante, y, como tal, incluso en la actualidad, se considera un elemento aparte del resto de sangres, algo asqueroso frente a la heroica sangre de los héroes. Los anuncios de compresas mostraban un líquido azul, y a la artista Rupi Kaur el algoritmo de Instagram le cerró la cuenta por unas fotos en que se mostraba acostada y con el pantalón manchado por la regla. Se repite una y otra vez la historia de Hipatia arrojando un paño menstrual manchado ante un estupefacto alumno, perdidamente enamorado, para hacerle desistir. Esto era la mujer, un cuerpo solo, pero, además, un cuerpo contaminado y contaminante.

Sin embargo, también pensaban que coagulaba rápidamente, algo que, en realidad, no sucede nunca. ¿Cómo es posible que no se dieran cuenta, por poco que observaran el proceso? Porque, en realidad, se estaba asociando a la mujer con el sacrificio, en un vínculo más fuerte que cualquier observación médica. El tema de la menstruación y la contaminación ha atraído numerosas miradas, aunque quizá el punto de inflexión fue la colección de ensayos dirigida por Thomas Buckley y Alma Gottlieb, publicada en 1988 con el título *Blood Magic. The Anthropology of Menstruation (Sangre mágica. La antropología de la menstruación)*. En ella se estudiaba desde la mitología asociada a la menstruación o la simbología que florece *(no pun intended)* a su alrededor, hasta las diferentes perspectivas y condiciones en torno a los pueblos que ejercían una segregación menstrual, como el hebreo. Fue un tema controvertido en su época o, más bien, valiente, pero abrió todo un camino.

También Lawrence Totelin ha explorado los conceptos e ideas que se formaban en torno a los fluidos corporales en el mundo antiguo, y se ha centrado en la leche materna, que, en el fondo, se consideraba lo mismo que la menstruación, aunque con otro proceso. Así se justificaba, por ejemplo, la amenorrea posparto y la aparente contradicción entre la lactancia y la menstruación. La lactancia, por ejemplo, adquiriría una enorme importancia simbólica en el cristianismo, tanto por las historias de alimentación de mártires como por el simbolismo de la leche que goteaba en mártires recién paridas, como pasa en la historia de Perpetua y Felicidad. La transgresión familiar, unida a la piedad y la conmiseración, crearían historias poderosas para mover la fe o la conciencia.

La leche era, además, un caballo de batalla, uno en el que las ideas sobre la transmisión de las cualidades a través suya, fuese materna o de la nodriza, y la creación de vínculos se complementaban con las críticas a la superficialidad de las mujeres que no querían dar de mamar a sus criaturas. Las historias de amor y unión entre las nodrizas y los niños a los que criaban, como parte de una familia amplia, pueblan las fuentes griegas y romanas. A Odiseo solo le reconocen su leal perro, que muere tras saludarle, y su nodriza. Sin embargo, no podemos olvidar, entre ternuras, regalos y sabias vejeces, la explotación del cuerpo de estas mujeres, muchas veces esclavas, envueltas en maternidades frustradas y familias de otros.

VIOLENCIAS CONTRA LAS MUJERES

La mirada al presente, que nos ha hecho plantearnos nuevas preguntas en nuestra forma de mirar al pasado, también nos ha hecho preguntarnos, por ejemplo, por cuestiones como las emociones o la violencia. Aunque había bastante escrito sobre la violencia contra la infancia, quizá con bastante exageración o, más bien, sin tener en cuenta las complejidades de la sociedad, y sobre el derecho paterno sobre el resto de la familia, hay curiosamente poco escrito sobre la violencia en pareja en concreto. Pomeroy ha vuelto a ser pionera, con la obra *The Murder of Regilla: A Case of Domestic Violence in Antiquity* (*El asesinato de Regilla: un caso de violencia doméstica en la Antigüedad*), sobre el asesinato de Regilla por órdenes de su esposo, Herodes Ático, que luego tuvo el regodeo o la necesidad de justificarse al dedicarle el odeón que financió en las faldas de la colina de la Acrópolis. A través de un caso concreto podemos ir hilando cómo se concebía, legislaba y moralizaba este tipo de violencia en concreto. También, según la historiadora, nos debería servir para reflexionar sobre los choques culturales entre las diversas regiones y pueblos que habían quedado subsumidos bajo un mismo imperio. Y, más aún, cómo vemos a estas mujeres a través, precisamente, de los ojos de quienes las sometieron o victimizaron.

No es un caso único y tenemos testimonios de otros asesinatos en los que los epígrafes funerarios sirvieron a la familia como última queja y petición de una justicia al menos divina, ya que podemos suponer que, como en el caso de Herodes, la mortal no sirvió de mucho. Ahora bien, como con Regilla, se nos escapa como arena entre los dedos la cotidianidad de esas mujeres, sus vidas antes de esa muerte, cómo lidiaron con la violencia. Apenas algunas menciones sueltas nos permiten intuir problemas que nos suenan muy presentes, y estrategias de supervivencia que hemos oído en nuestros días. San Agustín comenta cómo las amigas de su madre, Mónica, aparecían a veces con la cara marcada o cómo se aconsejaban para evitar palizas. Ovidio también comenta, en algunos pasajes, cómo pegaba a su amante, y las lágrimas y la expresión de terror con que le miraba en estos casos. Apenas un apunte, ninguno de los dos autores se planteó realmente esto como un problema real o estructural, más allá de la falta de control… o del mal comportamiento de las mujeres[10]. Cuestiones como estas nos recuerdan cómo, a veces, tenemos que trabajar con más silencios que fuentes.

También la violencia sexual ha sido objeto de atención… sobre todo desde que hemos empezado a reflexionar sobre qué significa el término, o nos hemos centrado en otros como *consentimiento* o *deseo*. No es una cuestión baladí. Todas las sociedades están profundamente en contra de la violación, solo que lo que entra dentro de ese concepto es algo muy variable, como también lo es a qué afecta. Los romanos marcaron sus cambios históricos con violencia sexual, una que les afectaba profundamente. Lucrecia se suicidó

---

[10] San Agustín, *Confesiones*, IX, 9; Ovidio, *Amores,* I, 7; *Arte de amar,* III, 565.

Figura 16. Nicolas Poussin, *El rapto de las sabinas, ca.* 1633-1634.
Metropolitan Museum of Art, Nueva York. La violencia contra las mujeres ha pasado
desapercibida tradicionalmente en el análisis de las obras de arte y las narraciones
históricas, justificándose o blanqueándose, bien por la omisión de la violencia
expresa, bien por el suavizamiento del lenguaje, como pasa con la historia
del rapto de las sabinas (que, en realidad, es un secuestro con la violación posterior y
el matrimonio forzado).

Figura 17. Giuseppe Cades, *La violación de Lucrecia,* 1795.
The Art Institute of Chicago. El estudio de la violencia sexual, la sexualidad
como elemento de poder y el imaginario colectivo que se ha creado en torno a la
misma son un campo muy reciente en los estudios históricos.

porque para una mujer su honor –o, más bien, el de su familia– lo era absolutamente todo. Virginia fue asesinada por su padre para evitar que un decenviro la violara, marcando el final del poder de estos en Roma. Cualquier romano oiría estas historias con reverencia, pero nos dicen más cosas. La violación afectaba al honor, no a la integridad de la mujer. Solo quien tuviera honor podía ser «violada», mientras que con una prostituta o una esclava era solo sexo, daba igual que ella quisiera o no. También nos dice que solo afectaba a quienes tuvieran una familia y una comunidad. Las sabinas fueron secuestradas y violadas, pero el matrimonio y la integración en una nueva familia lo solucionaban todo. Ya hablamos de qué había pasado con Medusa en la literatura romana y cómo la mirada actual la había reapropiado como símbolo.

El matrimonio por rapto fue ilegal en la legislación de Roma (al menos desde cierto momento) mientras la mujer tuviera una familia dispuesta a reclamarla; en otro caso, bueno, seguía siendo sexo. De hecho, el matrimonio «reparador» siguió siendo legal en Europa hasta el siglo XX y lo continúa siendo en algunos países aún hoy. En el fondo, esto afecta también al concepto de violación dentro del matrimonio, que no podía concebirse, porque existía un derecho al sexo con la propia esposa, que luego se sustituyó por el débito conyugal, o por una legislación permisiva en el caso de las muy avanzadas democracias europeas contemporáneas, como en Dinamarca, por ejemplo. Solo la violencia extrema en el matrimonio, como pasaba con el asesinato y la violencia de género, causaría rechazo.

Hasta los años noventa fue un tema muy poco explorado y, aun con el auge de la historia de la sexualidad o las reflexiones sobre la violación en general, las investigaciones sobre la violencia sexual en la Antigüedad fueron relativamente escasas. Quizá una de las excepciones sea Amy Richlin con libros como *The Garden of Priapus: Sexuality and Aggression in Roman Humor* (*El jardín de Príapo: sexualidad y agresión en el humor romano,* 1983) o *Pornography and Representation in Greece and Rome* (*Pornografía y representación en Grecia y Roma,* 1992). El humor siempre ha sido una parte importante de lo que hemos venido a llamar «cultura de la violación», es decir, todo ese entramado social que, mientras condenan un tipo concreto de violación, minimiza, banaliza, justifica u obvia otro tipo de violencias sexuales. Lo mismo pasa con la iconografía asociada al sexo.

Una de las autoras que ha tratado este tema, Rosanna Omitowoju, destacaba precisamente cómo la idea de violación o consentimiento en la Atenas clásica no tiene nada que ver con la actual y cómo, de hecho, el consentimiento de una mujer y el de su tutor legal podían llegar a ser indistinguibles[11]. Para ello analizaba otras fuentes de discurso, como la retórica forense, pero también la comedia. De qué sexualidad se habla en los juicios o cómo aparece representada la violación en el teatro o la literatura no dejan de ser elementos significativos de la sociedad. Que la sexualidad sea algo social, un constructo en cierta forma, también significa que hay una narrativa sobre esa sexualidad que puede rastrearse y que forma, a su vez, una realidad.

De nuevo los análisis sobre el mundo clásico y la actualidad se unen, aunque sea para recordar que no hay ningún producto cultural que sea aséptico. Tampoco el humor, ni el arte, ni el entretenimiento lo son, por mucho que podamos idealizar unas ideas abstractas y puras sobre ellos, como de la ciencia, la religión o la historia. La metáfora de la cueva de Platón y sus conceptos sobre las ideas han calado mucho más de lo que podríamos pensar, y la naturalización de ciertos discursos sigue siendo un pegamento social que cuesta deconstruir.

Una última cuestión que surgió en torno a la violencia fue cómo tratarla. Siempre he dicho es que quienes trabajamos con la historia también somos seres humanos, que hay historias que nos conmueven, nos alegran, nos enfadan o nos ponen en el límite. Hay veces que lees en un alegre poema nupcial cómo el novio arranca la ropa a la novia, apenas una niña de doce o catorce años, mientras esta suplica por un día más. En otra ocasión, es esa lápida de una muchacha muy joven, muerta ya casada, quizá en el trabajo de alumbramiento, y reflexionas sobre cómo la mayor causa de muerte vendría de los embarazos y partos. En otra ocasión es la queja amarga de Ovidio porque su amante llora tras la paliza que le ha dado, qué cosas[12]. Pero es nuestro trabajo y sabemos dónde nos metemos. Ahora bien, cuando se habla de cómo se divulga y enseña, esas cuestiones pasan a gente con sus propias sensibilidades, traumas y

---

[11] Omitowoju (2002).
[12] Ausonio, *Centón nupcial*, VII; Ovidio, *Amores*, 1, 7; *Arte de amar*, 2, 171 y ss.

Figura 18. Tiziano, *El rapto de Europa* (detalle), *ca.* 1560-1562.
Isabella Stewart Gardner Museum, Boston. Los mitos clásicos han seguido teniendo
un gran peso simbólico en la cultura europea, despojados de su carga religiosa, pero
con un fuerte sentido estético y moral. Esta recepción ha pasado también a la cultura
popular contemporánea, en los cómics, videojuegos y productos audiovisuales.
En este caso, Tiziano pintó el rapto (violación) de Europa por Zeus, que iniciaría con
ella la dinastía minoica, que se consideraba antecedente de todas
las dinastías europeas.

vivencias. Y darnos cuenta de cómo puede afectar también ha sido una lección[13].

Una reciente obra que abordaba precisamente este tema, coordinada por Nancy Sorkin Rabinowitz y Fiona McHardy, y titulada *From Abortion to Pederasty: Addressing Difficult Topics in the Classics Classroom (Del aborto a la pederastia: cómo abordar temas difíciles en el aula de Estudios Clásicos)*, partió de una mesa redonda sobre cómo hablar de la violación a través de y en los textos clásicos. A esto se añadieron luego temas como la muerte, la discapacidad o la sexualidad. Uno de los capítulos se dedicó también a la medicina antigua, no tanto por el tema en sí mismo, sino por cómo, por ejemplo, los alumnos pueden tener no solo diversos grados de conocimiento sobre su propio cuerpo o creencias sobre el mismo (y aquí se encuadraría, por ejemplo, el aborto), sino también diversas experiencias con el mundo médico. El cuerpo y las emociones surgen, así, como un tema importante que tratar, y enfrentar las propias ideas con las del mundo clásico, así como ver las esencializaciones y construcciones en la ciencia, es un buen método para reflexionar sobre cómo lo cultural lo permea todo, incluso nuestros cuerpos y formas de habitar el mundo a través de los mismos.

LA RECEPCIÓN DE ROMA EN ÉPOCA CONTEMPORÁNEA: ENTRE LA ACADEMIA Y LA DIVULGACIÓN

Conforme reflexionábamos sobre la historia de las mujeres y el género, y sobre cómo se ha construido esa historia, como estamos haciendo ahora, también surgieron otro tipo de preguntas. La pregunta de cómo hemos mostrado esa historia. La recepción de la Antigüedad en la cultura popular y audiovisual, en la divulgación en distintos niveles y en los medios no depende exclusivamente de cómo la Academia trate los distintos temas, pero es evidente la conexión, así como la de ambas cosas con los intereses sociales existentes en cada momento.

La divulgación sobre la historia de las mujeres y de género en Grecia y Roma no ha sido ajena tampoco a las cuestiones básicas

---

[13] Sorkin Rabinowitz y McHardy (2014).

de las luchas sociales y el feminismo, ni un tema aséptico en la cultura popular. Un buen ejemplo es la vinculación de numerosos ciclos de conferencias, charlas y exposiciones a fechas como el 8 de marzo, el Día Internacional de la Mujer, con un interés no solo en dar a conocer datos en torno a las mujeres del mundo clásico, sino también explicar los prejuicios derivados de esas épocas o los de la historiografía. Así, por ejemplo, en España, el Museo de San Isidro, en colaboración con el grupo Barbaricvm (y en especial con la organización de la historiadora Ana de Francisco Heredero), lleva casi una década organizando un ciclo anual de conferencias sobre las mujeres en la Antigüedad por esas fechas. También han sido fechas escogidas para iniciar o presentar exposiciones y documentales como *La mujer en Cartago Nova* (Cartagena) o «Mujeres de Roma a través del arte del cómic» (Oviedo).

Por otro lado, los museos también han tenido que repensar cómo sus propias dinámicas les han llevado a reproducir inercias y discursos sobre género que se han repetido desde la Antigüedad, como ya comentamos en el capítulo sobre la arqueología, aun más allá de la representación. Las Guerrilla Girls denunciaron la escasa presencia de autoras en museos como el MET, e historiadoras como M. Ángeles Querol o el proyecto Past Women cómo se ha invisibilizado la agencia de las mujeres en la Prehistoria. No solo se trata de cómo se visibiliza o invisibiliza a las mujeres en carteles e imágenes, sino también de la reproducción acrítica de ciertos elementos. Un buen ejemplo es el de la presentación de la violencia, sobre todo la sexual, en los museos. Hemos repetido bajo el título de «amores» las violaciones de dioses o semidioses a mortales, o, como mucho, perpetuado el concepto de rapto, sin asociarlo realmente a palabras que puedan resultar más claras, como la de violación.

En este sentido, es curioso cómo la mayoría de la gente responde afirmativamente ante la pregunta de si le resultaría desagradable o molesto ver una violación explícita en un museo, pero pocos caen en que, de hecho, cuando pasean por cualquiera de las grandes pinacotecas del mundo ven varias en su recorrido. La repetición de los mitos con una óptica clásica nos ha «desensibilizado». También, en ocasiones, ha habido una recepción consciente de ciertas tradiciones para justificar la sensualidad y la sexualidad en el arte, a veces de una forma más turbia de lo que nos gustaría, como en el caso de los esclavos y esclavas en el arte o incluso en ciertos

Figura 19. Este detalle pertenece a la obra *El banquete de Cleopatra*,
de Giambattista Tiepolo (1744; National Gallery of Victoria, Melbourne) y fue
comprado en su taller por Francesco Algarotti para Augusto III, elector de Sajonia y
rey de Polonia. Las historias exageradas sobre mujeres como Cleopatra tuvieron un
gran predicamento a lo largo de la historia, ampliándose y exagerándose aún más.

martirios, como el de san Sebastián o las mártires sexualizadas. En otras ocasiones, también la mitología sirvió como posibilidad de expresar la transgresión, como recuerda Miguel Ángel Cajigal en su *Otra historia del arte*, cuando recordaba cómo la coreografía de *La siesta de un fauno* de Vaslav Nijinsky, con la música de Debussy, en 1912, había supuesto un hito en la historia de la danza. El carácter libre y salvaje del fauno permitía la transgresión, no solo en la danza, sino también en otro tipo de artes.

En ocasiones, quizá el imaginario popular y la política local hayan forzado un poco el uso de ciertos personajes, de los que apenas sabemos nada, como símbolos municipales o regionales, como en el caso de Porcia Maura, en El Egido, de quien apenas conservamos un epígrafe funerario citando el evergetismo realizado por ella o su familia. Sin embargo, resulta una novedad frente a la recurrencia a personajes más conocidos y masculinos. La posibilidad, precisamente, de construir diversos relatos sobre personajes de los que sabemos poco en particular pero mucho contextualmente puede resultar enriquecedora. En otras ocasiones, la implicación de la comunidad ha permitido llevar a cabo proyectos con una amplia difusión, precisamente en torno a personajes femeninos clásicos, como puede ser el libro-musical *Julia Maior, el relato con sentido*, que partió desde la colaboración, en Cascante, de la arqueología con el teatro y con el rap. Las autoras, Carolina Ruiz, Marta Gómara, Noelia Azagra, Rosalía Rodríguez, Nera Lorón y Alicia Azagra, se unieron para crear no solo un libro, sino toda una serie de recursos que permitieran unir historia, cultura popular y feminismo. La resignificación de mujeres tradicionalmente denostadas ha permitido reflexionar sobre muchos de los prejuicios y tópicos en torno a la historia, las mujeres, los roles de género y nuestra propia sociedad, como si fueran los espejos deformantes del callejón del Gato, que diría Valle-Inclán.

Asimismo, la Academia se ha interesado cada vez más por cómo funciona la recepción del mundo clásico, no solo en el arte medieval o renacentista, sino también en la cultura visual contemporánea. El estudio de los usos y sesgos en el cine, las series o los videojuegos es un campo cada vez más amplio y con más grupos de estudio, que abarcan desde cómo se representa la guerra hasta las mujeres y la infancia. A comienzos de este siglo, Lorna Hadwick reflexionaba sobre cómo se ha pasado del estudio de «la tradición clásica» a la «recepción» precisamente cuando hemos ampliado las perspectivas y visiones tanto del pasado como del presente[14]. Algunos autores han trabajado, por ejemplo, cómo la extrema derecha se ha reapropiado de las culturas griegas y romanas, como en *Trojan Horses: Saving the Classics from Conservatives* (*Caballos de Troya: salvar a los clásicos de los conservadores*), de Page DuBois, o con el ya mencionado concepto de *mirage* espartano de François Ollier o Cesar Fornis.

Un buen ejemplo de cómo se ha utilizado la imagen de la mujer del mundo clásico en el cine y la cultura popular se sitúa, precisamente, muy al límite de esta definición. Cleopatra ya había sido muy representada en el arte, normalmente en el momento de su suicidio o como una mujer seductora, y no tanto en su papel de reina (como podemos ver en el cuadro *El banquete de Cleopatra* de Tiepolo, por ejemplo). Era una recepción muy tradicional de la propaganda augustea reproducida una y otra vez por las fuentes romanas. Esta fue también la imagen que pasó al cine, como máximo exponente de la *femme fatale* e incluso como una especie de vampiro, como en la película *Cleopatra,* de 1916, dirigida por Gordon Edward y protagonizada por Theda Bara. También Sara Bernhardt o Claudette Colbert protagonizaron estas historias, siempre a medias entre el relato histórico más tradicional y las narraciones de Shakespeare. Era la exageración de una recepción tradicional en medios nuevos, con nuevas necesidades. Quizá el punto de inflexión fue la conocida película de 1963, protagonizada por Elizabeth Taylor, en la que se quería resaltar más, como pasó con Tiepolo, su figura como reina (y como madre) frente a la depredadora de la propaganda romana. Aunque fue una película que marcó mucho más el imaginario en temas de imagen que de concepto, ya suponía un cambio importante, que iba más allá de una mera transmisión textual. La Cleopatra de la serie *Roma* seguía bastante la estela clásica y hemos tenido que esperar a producciones más recientes, como *El corazón del Imperio* para volver a ver una Cleopatra con fuertes intereses de Estado y familiares[15].

Caso aparte ha sido la producción de Netflix, donde el tema principal de discusión se centró en la etnicidad y el color de la piel. Las críticas fueron automáticas y bastante sonadas, y no por el contenido (a veces más que cuestionable) o el resto de la ambienta-

---

[14] Hardwick (2003).
[15] Pina Polo (2013).

ción, sino basándose solamente en la cuestión de la racialidad. Curiosamente, la actriz elegida fue Adele James, que en Estados Unidos es definida como bi-racial, ya que su madre es blanca, lo que se adecúa bastante a las teorías en torno al origen egipcio de la madre y abuela de la propia Cleopatra. Este es también un ejemplo de lo identitaria que puede llegar a ser la historia, y la tendencia a la simplificación entre identidades cívicas, género y racialidad, así como en los relatos históricos más complejos, como la época de los Ptolomeos, con un árbol familiar que puede ser un auténtico dolor de cabeza y con muchos huecos que jamás podremos llenar.

También autores como Mary Beard u Oskar Aguado recuerdan habitualmente en su labor divulgativa cómo esta unión entre política, recepción y violencia contra las mujeres ha sido clave en alguna de estas campañas, como en la de Trump, en la que un montaje con este como Perseo sujetando la cabeza cortada de Hillary-Medusa se hizo enormemente viral y apareció replicado en tazas, camisetas y diversos productos de publicidad. La imagen no es en absoluto inocente y nos retrotrae a ese uso constante tanto del mundo clásico como prototipo de lo elevado, lo heroico o lo culto como a la asociación entre la feminidad y la monstruosidad, que justifica el control de la misma o su subordinación.

Por cierto, justo la imagen de Medusa ha sido, como ya dijimos, junto con la de Medea, una de las más resignificadas y reapropiadas en épocas recientes, precisamente por la constante alusión a la violencia. La reflexión sobre esta figura mitológica en su versión más romana, la de Ovidio, como una superviviente de la violencia sexual que, tras ser violada por Poseidón, es convertida en monstruo, ha cargado al personaje de nuevos simbolismos. De hecho, no es infrecuente que víctimas de violencia sexual se tatúen o identifiquen con esta figura.

En torno a esta cultura de masas, también Alberto Venegas Ramos, en su trabajo *Pantallas de la memoria*, analiza cómo no solo las imágenes pueden distorsionar la representación de la historia o ser usadas de forma propagandística, sino cómo la democratización de la producción y uso de las imágenes puede acabar perpetuando ciertos imaginarios colectivos e hipersimplificando el concepto de historia. Resulta complicado, además, lidiar con la sensación de realidad y cercanía que suponen las imágenes, algo que se está viendo de forma quizás algo trágica en los debates en torno al uso de la inteligencia artificial para crear imágenes «históricas» para portadas, reportajes, divulgación o como mero entretenimiento.

Y aquí volvemos a nuestras romanas, que desaparecen mágicamente de estas reconstrucciones… de nuevo. Durante un tiempo se puso de moda pedir a estas inteligencias artificiales selfis de ambientación histórica y resultó significativo comprobar cómo las mujeres aparecían solo a partir del Renacimiento. Al fin y al cabo, esto no viene de un algoritmo defectuoso, sino de la alimentación de estas herramientas con un imaginario colectivo que, en efecto, invisibiliza a esas mujeres. Otra anécdota es significativa. Nunca ha habido problemas para jugar con personajes históricos masculinos en los videojuegos, pero, cuando *Assassin's Creed Odyssey* planteó una protagonista femenina, no lo hizo en solitario y dio la opción de jugar con su hermano, Alexios. De hecho, en un principio, en esta historia ambientada en la Guerra del Peloponeso, Kassandra, la mercenaria espartana, iba a ser la única opción, pero se descartó. Adivinad, además, quién tuvo el peso principal en los tráilers de lanzamiento[16]. En la entrega anterior, ambientada en Egipto, según el periodista Jason Schreier, la protagonista también iba a ser femenina. En este caso no solo no llegó a serlo como posibilidad, sino que su papel acabó enormemente reducido. Por supuesto, ninguna de las objeciones tenía un carácter histórico.

No solo fue una cuestión de género. Ubisoft había dicho que las opciones de romance serían opcionales, y resultó una oportunidad no desaprovechada para crear protagonistas LGTBIQ+… o eso parecía, porque algunos de los episodios heterosexuales resultaron no ser tan opcionales y formaban parte ineludible de la historia. Una nueva oportunidad perdida que provocó no pocas quejas e incluso un comunicado de la compañía, que lo calificó como una oportunidad de aprendizaje y anunció un parche para el episodio.

Los medios de masas han tendido a perpetuar y transmitir una imagen tradicional y, a la vez, hipersexualizada de las mujeres, en general, y de las griegas y romanas, en particular. No solo por cómo se representa su vestimenta y cotidianidad, sino también por cómo se han repetido una y otra vez de forma acrítica los prejuicios de las fuentes. Quizá uno de los mayores ejemplos, aparte de las películas de Mesalina o Cleopatra, sea *Yo, Claudio*, de la BBC. En esta serie

---

16 Schreier (2020).

de Jack Pullman, que se rodó en los años setenta basándose en los libros de Robert Graves, las mujeres de la casa imperial respondían a todos los tópicos clásicos. Una Livia asesina y fría, una Julia o una Mesalina frívolas y ninfómanas o las matronas respetables como adustas y distantes. No se reflexiona en ningún momento sobre la historia personal o la agencia política de ninguna, igual que Calígula se presenta como amanerado, perturbado y excesivo en la sexualidad y la violencia. Por el contrario, figuras como las de Claudio o Augusto se presentaron como los «buenos» e inocentes, hasta el punto de la ingenuidad en su manejo del poder.

El influjo de esta serie, seguida de películas como *Gladiator* o la serie *Roma,* ha sido enorme en la forma tanto de percibir la realidad romana como de idealizar la guerra o sistemas políticos autoritarios. Ahora bien, esta última también marcó (o consolidó) un cambio en la cultura visual en torno al mundo romano, así como una mayor presencia de personajes femeninos con agencia y ambición política. Tampoco es complicado ver cómo géneros como el *peplum,* producido en muchos casos en épocas en que la sociedad intentaba devolver a las mujeres al hogar o a roles de género tradicionales, se sirve de la imagen de las mujeres clásicas como modelos o contramodelos, oponiendo las castas cristianas, protagonistas de muchas de las historias, a las pérfidas paganas como Mesalina o Popea. Esta visión ha intentado contrastarse con documentales como *La mujer romana en la Gallaecia* (con María José Bravo Bosch) o *El corazón del Imperio*, una miniserie de Israel del Santo, con la asesoría de Patricia González, que luego tuvo su reflejo en un libro novelado del mismo título a cargo de Miguel Díaz Espada. Algunas producciones, como *Domina* o la película *Ágora*, también han tratado, con mayor o menor acierto, de resignificar o reivindicar algunas de esas figuras tan maltratadas, como las de Livia e Hipatia en estos casos.

Por otro lado, algunas de las series enfocadas a un público más juvenil y con poca intención histórica, como *Xena, la princesa guerrera* (1995-2001), marcaron definitivamente a unas generaciones que veían por fin protagonistas fuertes (y no necesariamente por la fuerza física), valores de cuidado y lo que nadie dejó de ver como una relación sáfica. El influjo de la cultura clásica en los audiovisuales enfocados a la infancia o la adolescencia ha sido enorme y ha marcado la forma de mirar al pasado; en este sentido, la reciente obra *Happily ever Ancient visions of antiquity for children in visual media*, de 2020 y coordinada por Irene Cisneros, María Cristina de la Escosura, Elena Duce, Mar Rodríguez Alcocer, David Serrano y Nerea Tarancón, nos muestra precisamente cómo esta influencia se adapta a las distintas culturas y sesgos propios de cada tiempo. De hecho, permea la propia visión del mundo clásico y salpica obras tan alejadas como el manga japonés o las criaturas fantásticas que aparecen en series como Harry Potter, precisamente por su potencia en el imaginario colectivo.

Quizá tengamos que tener en cuenta que el cine de romanos nunca fue de romanos, sino de los intereses, políticas y valores de cada época, y esto es aún más importante cuando hablamos de romanas. Sin embargo, y aunque nos parezca un poco excesiva la tesis de Robert A. Rosenstone, desarrollada en su libro *History on Film*, de que el cine es una forma válida de hacer historia, tenemos que ser completamente conscientes de cuáles son los medios que crean en nuestra sociedad una imagen del pasado. Y eso nos permite analizar tanto los peligros como las oportunidades.

Un paso intermedio entre la recepción en los medios audiovisuales y de masas, la investigación histórica y la divulgación lo ocupa la recreación histórica, que apareció vinculada a la arqueología experimental, que permite una forma de acercarse diferente a la cultura material de cada época. Diversos grupos, vinculados a distintos periodos históricos, han ido apareciendo en nuestro país, con más o menos medios o rigor, así como numerosos festivales. Entre ellos, la recreación romana goza de bastante salud y, si bien se vinculaba mucho, al principio, al ámbito militar, cada vez es más frecuente que se recree también en torno a cuestiones de género, oficios y distintas situaciones sociales. Quizás aquí convenga preguntarse también si se han excluido ciertas situaciones particulares por «falta de fuentes» o en nombre de un supuesto rigor histórico. La presencia de mujeres en ciertos roles, vestidas de hombre, puede verse como «inclusión forzada» o falta de rigor, pese a que conocemos casos en todas las épocas de mujeres que se han disfrazado o han obtenido permisos para entrar en ámbitos masculinizados, como el ejército. Tal vez deberíamos también tener un hueco para explicar y poner en valor las transgresiones al género, y no solo la norma[17].

---

[17] En algunos casos también se ha denunciado, directamente, discriminación, más allá de las alegaciones sobre el rigor.

De la mano han ido igualmente las iniciativas de diversos museos y yacimientos por facilitar visitas teatralizadas, festivales de teatro clásico o conferencias asociadas a los eventos de recreación, que han permitido poner a las romanas (más que a las griegas, todo sea dicho) bajo el foco de una nueva luz.

ACCIÓN Y REACCIÓN. BUSCANDO UN FUTURO

La tercera ley de Newton nos dice que toda acción tiene una reacción. El ámbito social parece empeñado en cumplirla también, más allá de la física. Al igual que los primeros pasos de la historia de las mujeres conllevaron burlas y sospechas, su afianzamiento no ha sido gratis. La reacción a los movimientos políticos como el feminismo y la lucha por los derechos LGTBIQ+, así como las corrientes historiográficas de estudio de las mujeres, de género, de la sexualidad o de la infancia, han provocado reacciones más allá de la Academia.

Cuando pensamos en cuán identitaria puede ser la historia, tendemos a pensar más en historias mitificadas de héroes y leyendas, pero también conlleva el rechazo a conceptos, corrientes e ideas. En las redes sociales y medios de masas, estas reacciones pueden llegar a ser bastante violentas, aunque, por ahora, no suelen pasar de insultos o intentos de boicotear charlas o conferencias. La Prehistoria y la Historia Antigua son campos especialmente fértiles para la negación de la capacidad de las mujeres para actuar en el ámbito social, a la vez que se reacciona contra conceptos como los de patriarcado, género o roles de género.

En cualquier caso, esta reacción, muy vinculada a movimientos reaccionarios como los movimientos masculinistas o incel, basados en la misoginia y la violencia, demuestran precisamente la vitalidad de una divulgación más cercana a la población general. Quizá la figura de Mary Beard, que ya mencionamos, haya sido fundamental en iniciar una corriente divulgativa vinculada a la Academia pero también a la televisión, la radio y las redes sociales, con un lenguaje cercano y desde la naturalidad. Los continuos comentarios sobre su físico y su edad también demuestran que cuerpos menos normativos empiezan a ser visibles en este tipo de divulgación.

Una nueva divulgación, unida a canales y redes sociales como YouTube, X (antes Twitter), Instagram o Tiktok, ha tenido un éxito que parecía complicado alcanzar cuando se hablaba de historia o arqueología, en general, y de historia y arqueología sociales, en particular. En nuestro país, por ejemplo, nuevos divulgadores, conectados con la Academia en distintos grados, como Néstor Marqués o Pedro Huertas para Roma, Laia San José para el mundo vikingo, con un especial interés en el género y la historia de las mujeres, o Mikel Herrán para el tema de historiografía, género o mundo medieval, han dinamizado una divulgación que a veces había quedado en mano de periodistas o programas generalistas, o limitada a documentales que tenían un público más específico. En el caso de Mikel Herrán, la combinación entre investigación, nuevos tipos de recursos y *performance,* el humor y el rigor ha calado en el acercamiento a públicos que no se habían interesado antes por la historia. De hecho, ya se está hablando de etnografía digital y de netnografía para referirse a las investigaciones sobre la comunidad digital como productora y consumidora de contenidos.

Dentro de este nuevo ambiente, nuestras mujeres del mundo clásico no solo aparecen con fuerza, sino que el conocimiento sobre las mismas se expande, tanto dentro como fuera de la universidad, despertando un interés que sorprendería hace tan solo medio siglo. Esto va unido, como causa o consecuencia, a una visión más interesada por parte del ámbito universitario, que ha empezado a considerar la divulgación no solo como un retorno social necesario, sino también como una opción laboral aceptable. Se rompe así con la visión tradicional de este trabajo como algo menor o secundario, o incluso penalizable dentro de la carrera de los profesores universitarios y asociado al periodismo o los aficionados. Llegamos en nuestro país con retraso a este cambio, que ya era visible en el mundo anglosajón, donde los académicos han valorado estilos más ágiles y los libros históricos se colaban entre los más vendidos.

Esta divulgación va de la mano con un enorme compromiso social, algo que ya habíamos visto tanto con los historiadores sociales de los *Annales* como con las historiadoras que sacaron adelante y consolidaron la historia de las mujeres. Se ha visibilizado también, o más bien explicitado, ese miedo de etapas anteriores a sonar poco serias o ideológicas, que llevaba a evitar toda terminología que pudiera sonar «activista» (incluidas las palabras en torno al feminismo) o la conexión con los problemas presentes. Estas asociaciones, que han surgido tanto dentro como fuera del ámbito universitario, como, por ejemplo, Herstóricas, Past Women o el grupo Kollontai, son conscientes de la importancia de trasladar las investigaciones a pie de calle y a proyectos educativos en distintos ámbitos.

Aquí quiero contar también una anécdota que puede parecer personal, pero que resulta significativa. Silvia Orlandi, una conocida epigrafista italiana, abrió un congreso hace unos años con un precioso vestido rojo… y lo inició diciendo que las mujeres, al entrar en los espacios académicos y universitarios, habían tendido a querer parecer más «serias» a través de una masculinización en su forma de vestir, tirando de trajes o colores oscuros, sobre todo el negro. Y ya va siendo hora de romper con las dinámicas que existen tras algo que podría parecer inocente, pero dista de serlo.

Aun así, pese al interés que provocan y el entusiasmo de quienes los realizan, estos proyectos tienen que enfrentarse a numerosos problemas, como la volatilidad de las redes sociales, la falta de financiación o la dificultad para reunir el resultado de los distintos proyectos de forma estructurada. De hecho, en muy poco tiempo algunas redes como Facebook o fotolog han tenido que reinventarse, morir o agonizar lentamente, mientras los blogs han perdido el tirón que tenían en su momento frente a, por ejemplo, el auge de los podcasts. La hostilidad que puede darse en algunos ambientes o la falta de acceso a recursos como revistas y bibliotecas especializadas cuando se investiga fuera del marco de la universidad también precarizan estos proyectos, aunque no falten redes de solidaridad.

Hay que tener en cuenta que, cuando se desarrolló y extendió una idea de la Historia como ciencia y elemento social importante, en el siglo XIX, lo hizo tanto desde el concepto de encontrar y fomentar una identidad nacional como con la intención de buscar una serie de referentes morales. Se convirtió en un elemento básico de los currículos escolares, con una inercia en sus funciones e intenciones que nos ha costado deconstruir. Nos ha llevado mucho trabajo repensar los sujetos de la historia, pero también la forma de transmitirla o los imaginarios que formamos en torno a ella. Pero, efectivamente, el mundo y la historia han cambiado, también quienes la demandan y quienes la narran y construyen. Y nuestras griegas y romanas, nuestras escitas y germanas, nuestras mujeres de la Antigüedad clásica cada vez son menos clásicas. Y sus voces se vuelven a oír. No dejemos que las callen de nuevo.

Conclusiones

Uno de los primeros ejemplos del humanismo italiano, Giovanni Boccaccio, escribió una obra en 1361 con un centenar de biografías de mujeres famosas de la Antigüedad clásica y la época medieval, y la tituló *De claris mulieribus (De las mujeres ilustres)*. Era quizá uno de los primeros textos dedicados a las mujeres en Occidente, pero en él se mezclaban diosas, personajes mitológicos y reinas, con algún ejemplo considerado excepcional como el de Timarete, una pintora griega. Tanto valía Aracne como Zenobia, Juno como las Amazonas. Las mujeres eran aún, en la historiografía, un ser de fantasía, en todos los sentidos actuales de la palabra. Aun así, fue una obra extraordinaria para su época, pues lo normal era que, en los escritos, simplemente se citasen dos o tres nombres de reinas o mártires.

Hemos recorrido un largo camino y muchos siglos antes de que empezáramos a hablar de otras mujeres, de las de a pie, de la obrera textil y la campesina. Unos cuantos más en que se generalizara hablar de griegas y romanas, de sus médicas y sus alfareras, de las esclavas y las escritoras. Aún estamos deconstruyendo la mirada sobre las más poderosas, las que pudieron grabar su nombre en monumentos y fuentes clásicas, de aquellas de las que no pudo olvidarse el nombre.

También ha hecho falta mucho para que nos fijemos en esas otras «perversas», las lesbianas, las que se fueron al ejército, las que renunciaron a la familia, las transgresoras, las extranjeras. Para hablar de cuerpos, de fluidos, de emociones, de vida y de muerte. Pasó tanto tiempo porque también hemos tardado en vernos con cariño, seamos normativas o transgresoras, estemos dentro o fuera del sistema. La historia, como todo, es un discurso y una herramienta, una que puede cegarnos o abrirnos los ojos, darnos raíces y alas, o atarnos a la costumbre, por eso siempre ha sido un campo de batalla. Y es importante conocer los campos de batalla y las estrategias. Ahora podemos ir a cualquier librería y encontrar publicaciones sobre género e historia de las mujeres, sin que sea algo sorprendente. Podemos acudir a nuestro museo preferido a escuchar una charla o ver una exposición en femenino. En muchos de los eventos de recreación encontraremos mujeres y niños, telares y cocinas. Podemos investigar sobre ellas sin que se tuerza el gesto, sin que sea un tema marginal. Hay congresos, revistas y premios y asociaciones históricas.

Aun así, también podemos leer libros en los que no aparezca una sola mujer, asistir a congresos en los que no haya una sola ponente, ver divulgación sobre arte, arqueología o historia en la que se reproduzcan las imágenes más tradicionales. Un museo hizo peluches de una «familia prehistórica» y no solo se trataba de una familia monógama nuclear, sino que ella cargaba a la niña, con coletitas, a la que miraba con sus ojos marcados por largas pestañas. Ella con pelo largo, él corto. La misma imagen que se repite, por ejemplo, en los materiales divulgativos de ciertos yacimientos más que conocidos. No es por pisar callos, pero cada vez que digamos que «hemos avanzado mucho», pensémoslo dos veces.

Aún es muy identitaria una imagen del pasado donde las hetairas atenienses son vistas como libres, pese a ser esclavas, y las espartanas, en cambio, son buenas y tranquilas esposas de sus esposos agricultores y cariñosos, un pasado donde no existe el homoerotismo. Que se lo pregunten a la película *300*. Aún tenemos a Mesalinas lujuriosas y Livias asesinas, mercados sin mujeres, obras sin niños trabajando. Aún tenemos imágenes en las que los hombres parecen tener alergia a cargar un bebé.

De hecho, también hemos visto cómo las reacciones negativas indican que algo se mueve, aunque constituyen un obstáculo que no podemos menospreciar. Los problemas dentro y fuera de la Academia para conciliar el sexismo en muchos ambientes o las dudas de ciertos sectores sobre el propio ámbito de trabajo no son solo un problema del pasado, por mucho que las cosas hayan cambiado significativamente y las redes de solidaridad puedan ser mucho más fuertes que en otros tiempos. Hoy se habla mucho de salud mental, un concepto que también ha entrado en la escena política recientemente, y no puede despreciarse lo que los continuos ataques, ya sea conservadores, ya de miembros de movimientos como el incel, puede afectar a las nuevas generaciones. Volvemos al presente más actual. En 2018 se organizaron en Pamplona, en el Museo de Navarra, unas conferencias sobre arqueología de género, con ponentes tan destacadas como Margarita Sánchez Romero, catedrática en Granada, o María Cruz Berrocal, profesora en Cantabria. Se iba a hablar de perspectivas, prejuicios, musealizaciones y avances. Ante la noticia, un historiador del arte, José M. Muruzábal, escribió un artículo para el *Diario de Navarra*. En él se preguntaba por el sentido de la arqueología de género, aunque, sin saberlo, se respondía él mismo al intentar ser irónico: ¿habrán hecho arqueología machista?, decía, o si la museología tendría género. Y aducía que en Navarra y en el museo había arqueólogas. Por supuesto, el autor consideraba un despropósito político el plantearse si la historia, los museos o la arqueología habían tenido prejuicios… sin haber jamás reflexionado sobre el tema o siquiera escuchado a quienes sí lo habían hecho.

Cuando Mary Beard entró en la polémica que se desató después de que una serie inglesa presentase a un personaje romano con tez oscura, los comentarios se dirigieron, como en otras ocasiones, de una forma significativa, contra su físico. Además de la famosa ley de Godwin («A medida que una discusión en internet se alarga, la probabilidad de que aparezca una comparación en la que se mencione a Hitler o a los nazis tiende a uno»), internet ha acuñado una ley sobre las interacciones en dicho medio, la ley de Lewis. Esta, acuñada a partir de la periodista Helen Lewis en 2012, dice que «Los comentarios en cualquier artículo sobre feminismo justifican el feminismo».

Todo esto nos lleva a una respuesta sencilla a la pregunta que da titulo a este libro. ¿Por qué no las vimos? ¿Por qué no miramos antes a los ojos a esas mujeres del mundo clásico y les dijimos «te veo»? No es solo que nos dejamos llevar por las inercias, sino también que los cambios son incómodos. Pensar que estuvimos haciendo las cosas mal o, al menos, peor de lo que se podían haber hecho resulta complicado. No queremos oír que las historias que nos contaron de pequeños eran diferentes.

Y no solo eso, sino que ese camino que hemos recorrido no va cerrando puertas a su paso y siempre se puede volver a otras formas de hacer las cosas. Ya dijimos al principio de esta obra que la historia es un derecho y, como cualquier derecho, puede perderse. Por eso es tan importante saber *cómo* hemos recorrido este camino, quiénes se hicieron qué preguntas y qué prejuicios tuvieron que romper para llegar a ellas. Es tan importante ver los logros como los peligros. Por eso, a veces, merece la pena hacer el esfuerzo de sentarse a recordar algunos nombres, aunque mañana se nos olviden la mitad.

También merece la pena recordar que este tipo de libros no son solo una mirada al pasado o un relato cerrado sobre un ámbito o una ciencia. Son solo un trampolín, porque todavía hay un mundo ahí fuera y está en vuestras manos.

Bibliografía

ABRIL, L. (2018), *On Abortion*, Stockport, Dewi Lewis.

ALEXANDER, W. (1782*), The history of women, from the earliest antiquity, to the present time* Londres, C. Dilly.

APARICIO CRESPO, P. (2015), *Entre aidós y peitho. La iconografía del gesto del velo en la antigua Grecia,* Madrid, JAS ARQUEOLOGIA.

ARNOLD, B. (1991), «The deposed Princess of Vix: the need for an engendered European prehistory», en D. Walde y N. Willows (eds.), *The Archaeology of Gender: Proceedings of the 22nd Chacmool Conference*, Calgary, The Archaeological Association of the University of Calgary, pp. 366-374.

BACUS, E. A. (1993), *Gendered Past: A Critical Bibliography of Gender in Archaeology*, Ann Arbor, University of Michigan Press.

BALLARÍN DOMINGO, P. (2019), «Flora, Margarita y otras guirnaldas de la historia», en T. Ortega, A. Aguado y E. Hernández (eds.), *Mujeres, Dones, Mulleres, Emakumeak. Estudios sobre la historia de las mujeres y de género,* Madrid, Cátedra, pp. 143-160.

BASSI, K. (1998), *Acting like Men. Gender, Drama & Nostalgia in Ancient Greece*, Michigan, University of Michigan Press.

BEAUVOIR, S. de (2011), *El segundo sexo*, Madrid, Cátedra.

BLOK, J. y MASON, P., *Sexual Asymmetry: studies in ancient society*, Amsterdam, J. C. Gieben, 1987.

BONNICHSEN, R. (1973), «Millie's Camp: An Experiment in Archaeology», *World Archaeology* 4, 3, pp. 277-291.

BOYDSTON, J. (2008), «Gender as a Question of Historical Analysis», *Gender & History* 20, 3 (noviembre), pp. 558-583.

BRITTAIN, A. (1907), «The roman women», en Brittain, A., *Women in All Ages and in All Countries,* vol II, Sansom, Rittenhouse Press, pp. 127-128.

BROOK, E. C. (2008), «James Davidson, The Greeks and Greek Love: A Radical Reappraisal of Homosexuality in Ancient Greece», *Bryn*

Mawr Classical Review; disponible en: [http://bmcr.brynmawr.edu/2008/2008-07-20.html].

BROOTEN, B. J. (1996), *Love Between Women: Early Christian Responses to Female Homoeroticism,* Chicago, University of Chicago Press, 1996.

CANTARELLA, E., *Secondo natura. La bisessualità nel mondo antico,* Roma, Editori Riuniti, 1988 [ed. cast.: *Según natura. La bisexualidad en el mundo antiguo,* Madrid, Akal, 1991; nueva edición en 2021].

— (1993), «Bisexuality in the Ancient World. Eva Cantarella, reply by Jasper Griffin», *The New York Review of Books* (1993), disponible *on line* en: [http://www.nybooks.com/articles/archivs/1993/may/27/bisexuality-in-the-ancient-world/].

CARCOPINO, J. (2001 [1939]), *La vida romana en el apogeo del Imperio,* Madrid, Temas de Hoy [edición original, 1939].

CASTAÑEDA-RENTERÍA, L. I. (2019), *Mujeres en las Universidades Iberoamericanas: la búsqueda de la necesaria conciliación trabajo-familia,* Guadalajara (México), Universidad de Guadalajara.

CENERINI, F. (2009), *La donna romana. Modelli e realtà,* Bolonia, Il Mulino.

CICCOTTI, E. (1985 [1895]), *Donne e politica negli ultimi anni della Repubblica romana,* Nápoles, Jovene [edición original, a cargo del autor: Milán, 1895].

CID LÓPEZ, R. (2000), «Cleopatra: mitos literarios e historiográficos en torno a una reina», *Studia Historica. Historia Antigua* 18, pp. 119-141.

— (2009), «Simone de Beauvoir y la historia de las Mujeres. Notas sobre *El segundo sexo*», *Investigaciones Feministas. Estudios de Mujeres, Feministas y de Género* 0, pp. 65-76.

— (2014), «Imágenes del poder femenino en la Roma antigua. Entre Livia y Agripina/Images of female Power in ancient Rome. Between Livia and Agrippina», *Asparkía. Investigació Feminista* 25, pp. 179-201.

— (2015), «El género y los estudios históricos sobre las mujeres de la Antigüedad. Reflexiones sobre los usos y evolución de un concepto», *Revista de Historiografía* 22, pp. 25-49.

— (2020), «Mujeres y acción política en la antigua Roma. Lecturas de Ettore Ciccotti, un socialista en la Europa del siglo XIX», *Veleia. Revista de Prehistoria, historia antigua, Arqueología y Filología clásicas.*

CISNEROS ABELLÁN, I. (2022), *Dentro y fuera de casa. Las trabajadoras en la Atenas de los siglos V y IV a. de C.,* Oviedo, Trabe.

COLTOFEAN-ARIZANCU, L. *et al.* (2023), «Harassment, assault, bullying and intimidation (HABI) in archaeology: a Europe-wide survey», *Antiquity* 97, 393, pp. 726-744.

CORVISIER, J. N. (2001), «L'état présent de la démographie historique antique: tentative de bilan», *Annales de démographie historique* 102, pp. 101-140.

COTO-SARMIENTO, M. *et al.* (2020), *Informe sobre el acoso sexual en arqueología (España)*, Zenodo; disponible en: [https://zenodo.org/records/3662763].

DAVIDSON, J. (2007), *The Greeks and Greek Love: A Radical Reappraisal of Homosexuality in Ancient Greece*, Londres, Weidenfeld & Nicolson.

— (2009), «Response: Davidson on Verstraete on Davidson, The Greeks and Greek Love: A Radical Reappraisal of Homosexuality in Ancient Greece», *Bryn Mawr Classical Review;* disponible en: [http://bmcr.brynmawr.edu/2009/2009-11-03.html] y en [http://www.bmcreview.org/2009/11/20091103.html].

DAVIDSON, J. (2007), *The Greeks and Greek Love: A Radical Reappraisal of Homosexuality in Ancient Greece,* Londres, p. 101.

DÍAZ-ANDREU, M. (2005), «Arqueología y género: una nueva síntesis», en M. Sánchez Romero (ed.), *Arqueología y género*, Granada, Universidad de Granada, 2005, pp. 13-51.

DOMENECH, C. (2019), *Señoras que se empotraron hace mucho*, Madrid, Ediciones B.

DOVER, K. J. (1989), *Greek Homosexuality*, Cambridge, Mass., Harvard University Press.

DUCE PASTOR, E. (2023), «Don't call me by my name: respect and invisibility in women's names in Athens», en A. Kurilić, E. Rallo y C. Escosura (eds.), *Name and Identity Selected studies on ancient anthroponymy through the Mediterranean,* Oxford, BAR, pp. 21-30

DULIÈRE CÉCILE, J. G. (1963), «Matronalia. Essai sur les dévotions et les organisations cultuelles des femmes dans l'ancienne Rome», *L'antiquité classique* 32, 2, pp. 735-737.

DUNCAN-JONES, R. (1964), «The Purpose and Organisation of the Alimenta», *Papers of the British School at Rome* 32, pp. 123-146.

DUNEZAT, X. (2017), «Sexo, raza, clase y etnografía de los movimientos sociales. Herramientas metodológicas para una perspectiva interseccional», *Investigaciones Feministas* 8, 1, pp. 95-114.

EDWARDS, D. R. y MCCOLLOUGH, C. (2007), *Archaeology of Difference: Gender, Ethnicity, Class and the Other in Antiquity; Studies in Honor of Eric M. Meyers (ASOR Annual)*, Boston, American Schools of Oriental Research.

ERNOT, I. (2009), «Des femmes écrivent l'histoire des femmes au milieu du XIXe siècle: représentations, interprétations», *Genre & Histoire* (en línea) 4 (primavera).

FEBVRE, L. (1970), *Combates por la historia*, Barcelona, Ariel.

FLANDRIN, J. L. (1981), *Le sexe et l'occident: Evolution des attitudes et des comportements,* París, Seuil.

FLEMING, T. (1986), «Des dames du temps jadis», *CJ* 82, pp. 73-80.

FOXHALL, L. y SALMON, J. (eds.) (1998), *When Men were Men. Masculinity, power & identity in Classical Antiquity*, Londres y Nueva York, Routledge.

GARNSEY, P. (1999), *Food and society in Classical Antiquity*, Cambridge, Cambridge University Press.

GENTILI, B. (1976), «Il Partenio di Alcmane e l´amore homoerotico feminile nei tiasi spartani», *Quaderni Urbinati di Cultura Classica* 22, pp. 59-67.

GEORGOUDI, S. (1991), «Bachofen, el matriarcado y el mundo antiguo», en G. Duby (dir.), *Historia de las mujeres en Occidente,* vol. 1, *La Antigüedad,* dir. Pauline Schmitt Pantel, Madrid, Taurus, pp. 517-536.

GERO, J. M. (1993), «The social world of prehistoric facts: gender and power in Paleoindian research», en H. du Cros y L. Smith (eds.), *Women in archaeology. A feminist critique*, Canberra, Australian National University, 1993, pp. 31-40.

GONZÁLEZ GUTIÉRREZ, P. (2018), «Cuando solo nos queda ensenar las cartas: sesgos androcéntricos en el análisis de la vida de Trota de Ruggiero/When it only remains to show the cards: androcentric biases in the analysis of the life of Trota de Ruggiero», *Nomadías* 25, pp. 55-67.

— (2021), *Soror. Mujeres en Roma*, Madrid, Desperta Ferro.

— (2023), *Cunnus. Sexo y poder en Roma,* Madrid, Desperta Ferro.

GUALDA BERNAL, R. M. (2017), «La Necrópolis del poblado de Coimbra del Barranco Ancho (Jumilla, Murcia) desde una perspectiva de género La singularidad de las tumbas femeninas con armas», en P. Conesa *et al.* (eds.), *Antigüedad in progress-: actas del I Congreso Internacional de Jóvenes Investigadores del Mundo Antiguo*, Murcia, Universidad de Murcia, pp. 193-210.

HARDWICK, L. (2003), *Reception Studies, Greece and Rome. New Surveys in the Classics 33*, Oxford, Oxford University Press.

HARRIS, M. (2000), *Teorías sobre la cultura en la era posmoderna*, Barcelona, Crítica.

— (2005), *El desarrollo de la teoría antropológica. Una historia de las teorías de la cultura,* Madrid, Siglo XXI.

HARTMANN, H. I. (1979), «The Unhappy Marriage of Marxism and Feminism: Towards a more Progressive Union», *Capital & Class* 3, pp. 1-33.

HAYS, M. (1802-1807), *Female Biography; or, Memoirs of Illustrious and Celebrated Women, of All Ages and Countries. Alphabetically Arranged,* Londres, Richard Phillips.

HERNANDO GONZALO, A. (2012), *La fantasía de la individualidad. Sobre la construcción sociohistórica del sujeto moderno,* Madrid, Katz.

HERRÁN SUBIÑAS, M. *et al.* (2021), «¡Ha habido maricones toda la historia de la humanidad! La arqueología queer, o cómo cuestionar los sesgos cisheteronormativos», en D. Jiménez Martín (ed.), *La primera mentira: mitos y relatos distorsionados en la enseñanza de la Historia*, Madrid, Postmetropolis, pp. 55-74.

HUBBARD, T. K. (2009), «James Davidson. The Greeks and Greek Love: A Radical Reappraisal of Homosexuality in Ancient Greece», *H-Histsex;* disponible en: [https://lists.h-net.org/cgi-bin/logbrowse. pl?trx=vx;list=H-Histsex;month=0902;week=b;msg=Ug%2BYuljw HAbsmjyw%2BhMXhQ].

— (ed.) (2013), *A Companion to Greek and Roman Sexualities,* Hoboken, Blackwell Publishing.

IBÁÑEZ Y GARCÍA-VELASCO, J. L. (1992), *La despenalización del aborto voluntario en el ocaso del siglo XX*, Madrid, Siglo XXI.

JASHEMSKI, W. F. (1999), *A Pompeian Herbal. Ancient and Modern Medicinal Plants*, Austin, University of Texas Press.

JOHNS, C. (1982), *Sex or Symbol: Erotic Images of Greece and Rome,* Londres, Colonnade, British Museum Publications.

KRYLOVA, A. (2016), «Gender Binary and the Limits of Poststructuralist Method», *Gender & History* 28, 2 (agosto), pp. 307-323.

LEONG, A. (2006), «Sexual dimorphism of the pelvic architecture: a struggling response to destructive and parsimonious forces by natural & mate selection», *McGill Journal of Medicine* 9, 1, pp. 61-66.

LISTON, M. A. y PAPADOPOULOS, J. K. (2004), «The "Rich Athenian Lady" Was Pregnant: The Anthropology of a Geometric Tomb Reconsidered», *Hesperia: The Journal of the American School of Classical Studies at Athens* 73, 1, pp. 7-38.

LLEWELLYN-JONES, Ll. (2003), *Aphrodite's tortoise: the veiled woman of ancient Greece,* Swansea, Classical Press of Wales.

LLORENS, A. *et al.* (2021), «Gender bias in academia: A lifetime problem that needs solutions», *Neuron* 109, 13, pp. 2047-2074.

LÓPEZ, A. y POCIÑA, A. (eds.) (2022), *Medeas. Versiones de un mito desde Grecia hasta hoy,* 2 vols., Granada, Editorial Universidad de Granada.

LORSCH WILDFANG, R. (2006), *Rome's Vestal Virgins: A study of Rome's vestal priestesses in the late Republic and early Empire*, Londres y Nueva York, Routledge.

LUCY, S. (1996), «Housewives, Warriors and Slaves? Sex and Gender in Anglo-Saxon Burials», en J. Moore y E. Scott (eds.), *Invisible People and Processes*, Leicester, Leicester University Press, pp. 150-168.

MANTEROLA, A. (ed.) (2004), *Medicina popular en Vasconia*, Bilbao, Instituto Labayru.

MANZANO, G. (2019), *Moral, ley e imagen: representaciones de la prostitución femenina en la Antigua Roma*, tesis doctoral dirigida por Francisco Marco Simón, Universidad de Zaragoza.

MARTIN, A. (2006), *Antropología del género: cultura, mito y estereotipos sexuales,* Madrid, Cátedra.

MARTÍNEZ BUJANDA, J. y RICHTER, M. (2002), *Index librorum prohibitorum 1600-1966,* Sherbrooke, Centre d'études de la Renaissance Université de Sherbrooke, Médiaspaul y Librairie Droz.

MARTINO, F. (1996), «Per una storia del "genere" pornografico», en O. Peccere y A. Stramaglia (eds.), *La letteratura di consumo nel mondo greco-latino,* Cassino, Università degli Studi di Cassino, pp. 293-341.

MCDONNELL, M. A. (2006), *Roman manliness: virtus and the Roman Republic,* Cambridge, Cambridge University Press.

MCLAREN, A. (1990), *A History of Contraception. From Antiquity to the Present Day,* Oxford, Blackwell.

MCMANUS, B. (1997), *Classics and Feminism: Gendering the Classics. The Impact of Feminism on the Arts and Sciences,* Nueva York, Twayne.

MINTEN, E. (2002), *Roman attitudes towards children and childhood. Private funerary evidence c. 50 B.C.-c. A.D. 300,* Estocolmo, Stockholms universitet.

MITCHELL, S. (2004), *Frances Power Cobbe: Victorian Feminist, Journalist, Reformer,* Charlottesville y Londres, University of Virginia Press.

MORANT, I. (1995), «El sexo de la Historia», *Ayer* 17, pp. 29-66.

OMITOWOJU, R. (2022), *Rape and the Politics of Consent in Classical Athens,* Cambridge, Cambridge University Press.

ORIA SEGURA, M. (2010), «De mujeres y sacrificios: un estudio de visibilidad», *Saldvie: Estudios de prehistoria y arqueología* 10, pp. 127-148.

— (2017), «Mujeres y religión en el mundo romano: enfoques cambiantes, actitudes presentes», *Arenal. Revista de historia de las mujeres* 24, 1 (número dedicado a: «*Vestigia feminarum:* arqueología, género y memoria»), pp. 73-98.

ORMAND, K. (2009), *Controlling Desires: Sexuality in Ancient Greece and Rome,* Westoport, Praeger.

OTERO-GONZÁLEZ, U. (2019), «Historia, mujeres y género: de una historia sin género a una historia de género», *Historiografías* 17 (enero-junio), pp. 27-50.

PEDREGAL RODRÍGUEZ, A. (2011), «La Historia de las Mujeres y la Historia Antigua en España: Balance historiográfico (1980-2008)», *Dialogues d'histoire ancienne* 37, 2, pp. 119-160.

PETERSON, J. D. (2000), «Labor Patterns in Southern Levant in the Early Bronze Age», en A. E. Rautman (ed.), *Reading the body. Representations and remains in the archaeological record,* Filadelfia, University of Pennsylvania Press, pp. 38-54.

PICAZO GURINA, M. (2017), «Más allá de los estereotipos: nuevas tendencias en el estudio del género en arqueología clásica», *Arenal. Revista de Historia de las Mujeres* 24, 1, pp. 5-31.

PINA POLO, F. (2013), «The Great Seducer: Cleopatra, Queen and Sex Symbol», en S. Knippschild y M. García Morcillo (eds.), *Seduction & power: antiquity in the visual and performing arts*, Londres, Bloomsbury Academic, pp. 183-195

POMEROY, S. B. (1973), «Selected Bibliography on Women in Antiquity», *Arethusa* 6, pp. 125-158.

— (1975), *Goddesses, Whores, Wives And Slaves: Women in Classical Antiquity*, Nueva York, Schocken Books, 1975, p. 60.

PRESEDO, F. (1973), «La Dama de Baza», *Trabajos de Prehistoria* 30, pp. 54-55.

REDFERN, R. C. y GOWLAND, R. L. (2012), «A Bioarchaeological Perspective on the Pre-Adult Stages of the Life Course: Implications for the Care and Health of Children in the Roman Empire», en M. Harlow y L. Larsson Lovén (eds.), *Families in the Romana and Late Antique World,* Londre y Nueva York, Continuum International Publishing Group, pp. 110-140.

RICHTER, D. C. (1971), «The Position of Women in Classical Athens», *The Classical Journal* 67, 1 (octubre-noviembre), pp. 1-8.

RODRÍGUEZ MAMPASO, M. J.; HIDALGO BLANCO, E. y GONZÁLEZ WAGNER, C. (eds.), *Roles sexuales. La mujer en la historia y la cultura,* Madrid, Ediciones Clásicas, 1994.

ROERGAS DE SERVIEZ, J. (1718), *Les Femmes Des Douze Cesars,* París, Chez De Launay, rue S. Jacques a la Ville de Rome, proche la Fontaine de S. Severin.

ROSE, S. O. (2010), *What is Gender History?,* Cambridge, Polity Press.

ROUSSEAU, J. J. (1762), *Émile ou De l'éducation,* La Haya, Jean Néaulme [ed. cast.: *Emilio, o De la Educación,* trad. Mauro Armiño, Madrid, Alianza, 2011].

SABIO, R. (2014), «Julia Saturnina: madre o matrona emeritense», *MNAR digital* 2, p. 9.

SÁNCHEZ ROMERO, M. (ed.) (2005), *Arqueología y género,* Granada, Universidad de Granada.

SANDRAS, A. (2022), «Clarisse Bader (1840-1902): une des premières historiennes des femmes», en *L'Histoire à la BnF,* 8 de marzo.

SCHREIER, J. (2020), «Ubisoft Family Accused of Mishandling Sexual Misconduct Claims», *Bloomberg,* 21 de julio.

SCOTT, J. W. (1986), «A Useful Category of Historical Analysis», *The American Historical Review* 91, 5 (diciembre), pp. 1053-1075.

— (2008), «Sobre lenguaje, género e historia de la clase obrera», en J. W. Scott, *Género e historia*, Ciudad de México, Fondo de Cultura Económica, 2008, pp. 77-94.

— (2010), «Gender: Still a Useful Category of Analysis?» *Diogenes*, 57, 1, pp. 7-14.

SKINNER, M. (1987), «Classical Studies, Patriarchy and Feminism: The View from 1986», *Women's Studies International Forum* 10, pp. 181-186.

SORKIN RABINOWITZ, N. y AUANGER, L. (eds.) (2002), *Among Women. From the Homosocial to the Homoerotic in the Ancient World,* Austin, University of Texas Press.

SORKIN RABINOWITZ, N. y MCHARDY, F. (2014), *From Abortion to Pederasty: Addressing Difficult Topics in the Classics Classroom*, Columbus, Ohio State University Press.

STONE, L. (1985), «Only Women», *The New York Review of Books* 32, 6 (abril), p. 21.

STRATTON, K. B. (2007), *Naming the witch. Magic, ideology and stereotype in the ancient world,* Nueva York, Columbia University Press.

SUBIRÁ, M. E.; RUIZ, J.; GARCÍA CANO, J. M. y GALLARDO, J. (2008), «La necrópolis del Poblado (Jumilla. Murcia). Datos antropológicos», en A. M. Auroux Adroher y J. Blánquez Pérez (eds.), *Primer Congreso Internacional de Arqueología Bastetana*, vol. 2, Madrid, UAM, pp. 59-69

TOMASELLI, S. (1985), «The Enlightenment Debate on Women», *History Workshop Journal* 20, 1, pp. 101-124

TUREK, J. (2016), «Sex, Transsexuality & Archaeological Perception of Gender Identities», *Archaeologies* 12, 3, pp. 340-358.

UNITED STATES HOUSE OF REPRESENTATIVES (1995) 104th Congress, First Session. Committee on Internal Relations, «United Nations Fourth World Conference on Women: Hearings Before the Subcommittee on International Operations and Human Rights, July 18 and August 2, 1995», Washington, DC, US Government Printing Office.

VAZZANA, A. *et al.* (2015), «Dal caso mediatico alla musealizzazione: l'esempio della cosiddetta "Tomba degli Amanti" di Modena», *Atti e Memorie della Deputazione di Storia Patria per le Antiche Provincie Modenesi*, Serie XI, pp. 277–283.

VERSTRAETE, B. (2009), «James Davidson, Also Seen: The Greeks and Greek Love: A Radical Reappraisal of Homosexuality in Ancient Greece», *Bryn Mawr Classical Review;* disponible en: [http://bmcr.brynmawr.edu/2009/2009-09-61.html].

VILLALBA LÁZARO, M. (2022a), «Guy Butler's Demea: a South African princess against apartheid», *The Grove. Working Papers on English Studies* 29, pp. 131-149.

— (2022b), «Fragmenting the Myth: Augusta Webster's "Medea in Athens" and the Victorian Female Struggle», *ES Review. Spanish Journal of English Studies* 43, pp. 39-62.

— (2018), «Radicalizing the Myth: Amy Levy›s Medea, the (Un)Assimilated Jewish Victorian Woman», *Women in Judaism: A Multidisciplinary Journal* 15, 2.

YOUNGER, J. G. (2002), «Women in Relief: "Double Consciousness" in Classical Attic Tombstones», en Sorkin Rabinowitz y L. Auanger (eds.), *Among Women. From the Homosocial to the Homoerotic in the Ancient World,* Austin, University of Texas Press, pp. 167-210

ZEMON DAVIS, N. (primavera-verano de 1976), «"Women's history" in transition: the european case», *Feminist Studies* 3, 3-4, pp. 83-103.

— (2017), «Les femmes et le monde des Annales», *Tracés. Revue de Sciences humaines* 32, pp. 173-192.

FUENTES MENCIONADAS

Agustín, *Confesiones*
Ateneo, *Deipnosofistas*
Ausonio, *Centón nupcial*
Cicerón, *Acerca del orador*
Diodoro Sículo, *Biblioteca histórica*
Hipócrates, *Epidemias*
Luciano, *El eunuco*
Ovidio, *Amores*
—, *Arte de amar*
Plinio el Viejo, *Historia natural*
Séneca, *Epístolas morales a Lucilio*
Valerio Máximo, *Hechos y dichos memorables*

Índice